"十二五"国家重点出版规划项目
装备综合保障工程理论与技术丛书

# 现役装备保障
# 特性评估技术

柳　辉　郝建平　王松山　著

国防工业出版社

·北京·

**图书在版编目(CIP)数据**

现役装备保障特性评估技术/柳辉,郝建平,王松山著.—北京:国防工业出版社,2015.11

(装备综合保障工程理论与技术丛书/于永利主编)

ISBN 978-7-118-10645-9

Ⅰ.①现... Ⅱ.①柳...②郝...③王... Ⅲ.①武器装备—军需保障 Ⅳ.①E237

中国版本图书馆 CIP 数据核字(2015)第 290598 号

※

*国防工业出版社* 出版发行

(北京市海淀区紫竹院南路 23 号 邮政编码 100048)

三河市众誉天成印务有限公司印刷

新华书店经售

*

开本 710×1000 1/16 印张 6½ 字数 85 千字

2015 年 11 月第 1 版第 1 次印刷 印数 1—2000 册 定价 27.00 元

**(本书如有印装错误,我社负责调换)**

国防书店:(010)88540777      发行邮购:(010)88540776
发行传真:(010)88540755      发行业务:(010)88540717

# 序

　　21世纪以来,世界范围内科学技术革命的崛起,信息技术飞速发展并在军事领域广泛应用,有力地冲击着军事领域变革,战争形态逐渐由机械化战争向信息化战争演变,同时对装备保障能力产生的基本形态产生了深刻影响。认真落实习主席"能打仗、打胜仗"指示要求,着眼打赢未来基于信息系统体系作战,我军装备将逐渐形成以军事信息系统为支撑、以四代装备为骨干、以三代装备为主体的装备体系格局。信息化作战需要信息化保障,体系化对抗需要体系化保障。我军装备保障面临着从机械化保障向信息化保障、从单一装备保障向装备体系保障、从线性逐级保障向立体精确保障、从符合性考核向贴近实战考核转变等严峻挑战,未来信息化作战进程中的装备保障实践,对系统科学的装备保障基础理论与方法,提出了时不我待的紧迫要求。

　　伴随着军事技术和作战形态的发展要求,装备保障理论与技术不断创新发展。针对装备保障的系统研究,在国外始于20世纪40年代中后期,特别是20世纪90年代以来,随着"聚焦保障""基于性能的保障"等新的理念提出,以及相关工程实践的不断深化,装备保障工程在装备全寿命过程中的基础性、全局性的战略地位和作用得到了进一步强化。我国从20世纪70年代末开始引进、消化、吸收外军装备保障先进理念,运用系统科学思想研究装备保障问题,并在装备型号论证研制以及装备保障能力建设工作中不断应用,取得了大量的理论与实践研究成果,极大地推动了装备保障工程发展。经过40多年的研究与实践,装备保障工程在我军装备建设和军事斗争准备中的地位和作用不断升华,已经成为装备保障能力建设的基石,正在深刻地影响着装备保障能力和作战能力的形成与发展。装备保障工程既是型号装备建设的基础性工程,也是装备成系统成建制形成作战保障能力建设的通用性工程,还是作战进程中装备保障实施的重要技术支撑。

　　装备保障工程是应用系统科学研究解决装备保障问题的学科和技术,是研究装备全寿命过程中战备完好与任务持续能力形成与不断提高的工程技术。它运用系统科学与系统工程的理论和方法,从系统的整体性及其同外界环境的辩证关系出发,分析研究装备使用、装备保障特性与装备保障系统之间的相互作用机理,装备保障特性、保障系统的形成与演化规律,以及相关的理论与方法,并运用这些机理与规律、理论与方法,通过一系列相关的工程技术与指挥管理活动,实现装备的战备完好性与任务持续性以及保障费用与保障规模要求。装备保障工程技术包括装备保障特性工程、装备保障系统和装备保障特性与保障系统综合等技术。

　　为了积极适应未来信息化作战对装备保障提出的要求,我们组织人员对军械工程学院维修工程研究所十余年来在装备保障工程领域的科研成果进行了系统的总结,形成了装备保障工程系列丛书(共22本,其中有16本列入"十二五"国家重点出版规划项目),旨在为装备型号论证研制以及部队面向实战装备保障与运用提供理论和技术支撑。

　　整套丛书分为基础部分、面向型号论证研制关键技术部分和面向部队作战训练关键技术部分。

　　基础部分,主要从装备保障的哲学指导、装备保障作用机理以及装备保障模型体系等方面,构建完善的装备保障工程基础理论,打牢装备保障工程技术持续发展的基础,包括《装备保障论》《装备保障工程基础理论与方法》《装备保障工程技术型谱》《装备综合保障工程综合数据环境建模与控制》《装备保障系统基础理论与方法》《装备使用任务模型与建模方法》和《装备作战单元维修保障任务模型与建模方法》。

　　面向型号论证研制关键技术部分,主要从装备保障的视角出发,解决装备论证、研制过程中保障特性与保障系统规划、权衡和试验验证等问题,包括《装备保障体系论证技术》《型号装备保障系统规划技术》《型号装备保障特性与保障系统权衡技术》《型号装备保障特性试验验证技术》和《现役装备保障特性评估技术》。

　　面向部队作战训练关键技术部分,主要面向部队作战训练从维修保障需求确定、维修保障方案制定、维修保障方案评价和维修保障力量动态运用等方面构建完善的技术方法体系,为面向实战的装备保障提供方法手段,包括《装备作战单元维修保障要求确定技术》《装备作战单元维修保障力量编配技术》《装备作战单元维修保障资源预测技术》《装备作战单元维修保障建模与仿真》《装备作战单元维修保障能力评估方法》《装备作战单元维修保障力量运用》《装备作战单元保障方案综合评估方法》《基于保障特性的装备需求量预测方法》《多品种维修器材库存决策优化技术》和《面向任务的维修单元专业设置优化技术》。

着眼装备建设和军事斗争准备迫切需求,同时考虑到相关研究工作的成熟性,本丛书率先推出基础部分和面向部队作战训练关键技术部分的主要书目,今后随着研究工作和工程实践的不断深入,将陆续推出面向型号论证研制关键技术部分。

装备保障工程是一门刚刚兴起的新兴学科,其基础理论、技术方法以及工程实践的开展远没有达到十分成熟的阶段,这也给丛书的编著带来了很大的困难。由于编著人员水平有限,这套丛书不可避免会有很多不妥之处,还望读者不吝赐教。

丛书编委会
2015 年 11 月

# 前　言

随着质量概念在军事装备工作中的不断深入和发展,装备质量评估已成为提高装备保障能力的重点研究内容之一。客观、准确地评估装备使用质量,对提高装备使用寿命。改进服役装备保降性水平具有十分重要的意义。

本书以某型火箭炮武器系统为研究对象,围绕其使用阶段通用质量评估的基本问题,从理论方法及实际应用两个方面进行了较为全面的阐述。对现役装备使用阶段通用质量特性评估的过程、方法、模型进行了详细阐述,对其他各类型装备质量评估具有借鉴价值。

第1章主要介绍装备质量评估的地位、作用,阐述对其进行评估的意义,并对国内外综合评估理论相关内容的研究现状进行分析,总结现阶段装备质量评估存在的主要问题。

第2章对装备的质量特性进行了深入的分析和研究,介绍了装备使用阶段各质量特性的内在联系,列举了几种常用的综合评估方法——主成分分析法、人工神经网络法、层次分析法、熵权评估法、灰色关联法和模糊综合评估法,并分析了每种评估方法的特点,然后进行了系统的比较。

第3章介绍了评估的基本理论与常用的评估方法,阐述了装备使用阶段质量评估的基本过程,确定了某型火箭炮使用阶段通用质量评估的基本思路和基本过程。

第4章采用层次分析法对某型火箭炮使用阶段各项指标进行分解,并根据部队实际,采用专家打分和使用单位人员信息反馈相结合,根据意见集中度和意见协调度建立某型火箭炮使用阶段通用质量评估指标体系,并对获取的指标体系进行满意度分析,验证了得到的指标体系可以投入使用,为某型火箭炮使用阶段通用质量评估模型的建立提供了客观、准确的依据。

第5章对某型火箭炮使用阶段通用质量单项指标进行了量化评估,为该装备使用阶段通用质量综合评估提供数据基础。通过模糊综合分析,对某型火箭炮的使用通用质量特性建立了一种多层次评估体系,应用模糊综合评判作为评估方法,对该装备使用阶段通用质量进行综合评估,得到的评估结果直观可信,符合我军的装备使用水平现状,能够为评估该类型装备使用质量提供一种更科学的途径。同时根据评估结果,运用纵向和横向对比的方法,对同一单位不同年份以及不同单位相同年份的使用质量进行分析,查找出存在的问题,并提出改进措施,为装备质量工作的改进提供科学依据。

在本书的编写过程中参考了大量的国内外相关书籍和文献,在此,对这些作者表示衷心的感谢。

由于装备保障特性评估技术的研究涉及面广,应用的评估技术和方法各异,因此,进行评估时内容取舍不易掌握,编写难度较大。加之作者水平有限,书中有不足之处,恳请读者批评指正。

作　者
2015 年 11 月

# 目　录

# 第1章 绪 论

## 1.1 研究背景及意义

装备是武器装备的简称,是用于实施和保障作战行动的武器、武器系统和军事器材的总称,主要包括武装力量编制内的武器、弹药、车辆、器材、装具等。装备是部队战斗力的重要组成部分。

装备质量是指装备具有的一组固有特性满足明确的、隐含的或必须履行的需求或期望的程度。这一组固有特性,包括装备的作战性能、可靠性、维修性、保障性、安全性、经济性、时间性、环境适应性等。

装备使用质量评估是指装备交付部队后,由部队组织的对装备质量的评定,实际上也就是装备寿命周期中的使用阶段对其质量的评估。由于使用阶段是装备质量体现的阶段,装备的作战性能和保障性能以及经济性能等质量特性都在使用阶段通过人们一系列使用、维修活动表现出来,而且装备的使用过程是发挥装备效能的过程,也是考验装备实际质量的过程;而使用阶段装备管理的目标是充分发挥、恢复、保持和改善装备质量,保证装备使用与维修保障系统有效运行,满足部队作战、值勤和训练的需要。因此,部队装备质量评估是装备质量管理的重要组成部分[1]。

在目前高技术条件下的现代战争中,装备质量的优劣,不仅关系到部队战斗力的提高,而且关系到战争的胜负乃至国家和民族的存亡。因此,抓好部队装备质量评估,提高部队装备的完好率,不仅是装备全面质量管理的必然要求,也是确保部队战备水平的重要措施。

由于历史条件的限制,我军现役装备在使用过程中暴露出的故障多、维修性差、缺乏保障资源、不易于保障等问题,不同程度地影响着装备的正常使用,制约着装备战斗力和保障能力的形成。为了有效地改进装备存在的上述问题,

1

迅速提高装备的质量水平和作战效能,就要对重要的装备质量问题进行攻关,开展装备的定寿、延寿、维修改革等工作,而这些工作的开展都需要以装备的使用质量信息为依据[2]。

但是,我军目前对装备使用质量评估的方法比较单一、片面,缺乏综合、客观的评估方法。装备要充分发挥其作战效能,不但要具备优异的战术性能和高可靠性、维修性、保障性水平,还要依赖于装备使用过程中不断提高使用质量。因此,必须以装备使用过程的质量信息为依据,不断改进和完善装备的维修、备件、设备、人员、技术等各方面的保障,发挥经费的使用效益,降低装备的使用维修和保障费用。

对于大型复杂武器装备来说,由于其高价值、高复杂程度、配套产品数量大的特点,通过对其进行客观的质量评估实施更有效、更有针对性的质量管理,显得尤为重要和紧迫。而大型复杂武器装备的质量评估的指标体系层次结构复杂,评估指标数量众多,装备质量监督部门很难对此类装备质量进行客观、准确地评估和决策。鉴于此,针对部队装备质量评估指标体系和方法展开了研究,为指导使用阶段装备质量管理工作的开展,评估装备质量水平满足作战和训练需求的程度,暴露装备质量缺陷,提高和维持装备的质量水平提供方法与技术支持[3]。

# 1.2 国内外研究动态

近几十年,综合评估的理论方法研究进展非常迅速,从单指标到多指标、从定性到半定性再到定量的纵向发展。20 世纪 60 年代至 80 年代,是综合评估蓬勃发展的年代。在此期间产生了多种应用广泛的综合评估方法,如层次分析法(Analytical Hierarchy Process,AHP)、模糊综合评估法等。

20 世纪 70 年代,美国学者 T. L. Saaty 提出了具有划时代意义的层次分析法,该方法由问题的性质建立一个描述系统功能或特征的有序的递阶层次结构;然后对指标间的相对重要性,按一定的比例标度进行比较,构造出判断矩阵;最后在递阶层次结构内进行合成,得到评估(决策)指标相对于目标重要性的总排序。它体现了人们评估(决策)思维的特征:分析、判断、综合,具有系统性与简便性等特点,得到了深入的研究和广泛的应用[4]。

## 1.2.1　外军现役装备质量评估研究现状

发达国家对装备质量的收集与评估较为重视,美国的做法比较典型,更具有代表性。

美军非常重视装备质量评估工作。20 世纪 50 年代末就开始了应用研究工作,拥有大量开展评估规划和预算请求的系统分析办事处。1960 年,美军各兵种开始对军队战备进行评估的实践,1968 年开发了部队状态证实报告系统,对部队战备进行评估。1984 年,国防部长提出在参谋长联席会议内部组建一个战略计划与资源分配机构,这个组织负责分析国防部规划与计算建议是如何影响美军能力的。1987 年,美国国防部指派兰德公司进一步研究更好的战备能力评估方法,兰德公司在总结以往战备能力评估方法的基础上,于 1989 年提出了一个综合评估战备能力的整体框架结构。

美军在 2004 年颁布的 AR220 - 1 部队状态报告(Army Regulation 220 - 1 Unit Status Reporting)就是依据兰德公司提出的框架结构为理论依据,把装备质量评估作为部队的战斗力量化标准的一部分。在 AR220 - 1 报告中把装备分为现有装备(equipment on hand)质量状况和装备完好性(equipment readiness)状态两部分。现有装备质量评估主要是装备的战备完好率以及装备的代替等问题,把装备分为主导装备、主要装备和保障装备三个部分,然后利用层次分析法和加权法进行装备质量评估,得出装备任务完成度的比率;而对装备完好性的评估,在平时,完好性等级的计算以可用的和可能的小时/天数为基础,利用可用的时间除以可能的时间得出装备的完好性状态,这些数据来源于装备已记录的最新数据。而在接到任务时要对部队装备进行即时评估,用于对作战任务的完成度进行预测[5]。

而在美军颁布的另一项部队条例 AR700 - 138《陆军后勤完好性与持续能力》(Army Regulation 700 - 138 Army Logistics Readiness and Sustainability)中,又针对复杂装备的质量状况评估做了更细的量化分析,如针对飞机的状态,分为能全面执行任务(Fully Mission Capable)、因供应能执行部分任务(Preventive Maintenance Checks and Services)、因维修能执行部分任务(Preventive Maintenance Checks and Maintenance)、因供应不能执行任务(Not Mission Capable Supply)四个等级。基于单装装备质量评估更为细化的情况下,在应对不同的任务

3

时,不同质量状态的飞机完成任务的能力也有可能相同。对复杂装备的任务完成能力在基于质量评估的基础上更进了一步[6]。

试验与评估是武器装备全寿命周期管理的一项重要内容,也是保证质量的一个重要手段。美军的武器系统试验与评估包括研制试验与评估和使用试验与评估,后者又分为初始使用试验与评估和后续使用试验与评估。可靠性、维修性和保障性试验与评估是其中的一个组成部分,而且越来越受到重视。使用试验与评估是在尽可能逼真的使用环境条件下进行试验与评估,以确定武器系统的作战效能和作战适用性。

美军为了加强对装备质量的监控和管理,提高装备的可靠性和作战效能,发布了"故障报告、分析和纠正措施系统"(FRACAS)、"产品质量缺陷报告制度"等标准、制度和指令,用于指导承制方和使用方的工作[7]。

长期以来,美军一直非常重视武器装备质量信息的收集和管理,这里的质量信息是指装备使用与维修过程中的各种反映装备质量水平的信息。为了发挥信息在各种决策中的支持作用,他们采取各种技术和管理措施保证信息的准确和完整,同时致力于各种自动化信息系统的开发和应用。近些年来,随着自动化技术和信息技术的飞速发展,美军又开发出了新一代的维修管理信息系统。这些系统的共同特点是:内容全面,功能完善,数据处理实时,系统间能进行自动的数据交换。

俄罗斯部队装备建设从军事改革之初,就确定了后勤保障以装备质量评估为依据的实施计划。根据 2002 年俄罗斯国防部长与其他各强力部门领导人共同签署的《关于成立俄联邦武装力量与担负国防任务的其他军队、队伍和机构联合后勤保障部的命令》,到 2005 年,建立所有强力部门一体化后勤保障体制的计划已完成了 80%。2005 年 1 月,俄罗斯国防部成立了中央物资采购中心——所有强力部门采购与供应中心,并开始正式运营。该中心成立后,针对各辖属部队的装备质量状况进行统一评估,从全军部队实际状况出发,采取由中心统一指挥调度的方法保障以节减部队后勤保障经费。

## 1.2.2 国内研究现状

我军历来重视装备质量及其评估工作。我军以长期实践为基础,逐步形成了自己的装备质量等级评估与划分标准。改革开放以来,在吸收国外全面质量管理、可靠性理论和有关质量评估实践的基础上,总部、各军兵种积极开展装备质量管理、监控、评估的研究和应用,初步确立了全系统、全过程的质量观念,加强了装备研制、生产和使用(含储存、维修)过程的质量监控工作,有效地提高了装备质量,改善了储存和维修质量,确保了部队战备、训练等任务的顺利完成。

部队装备使用阶段的质量评估方法主要是围绕完好率进行的,近年来随着"两成两力"工作的开展,也对保障系统的评估进行了研究和实施。部队装备完好率的评估主要基于完好性技术标准,按照装备质量等级划分进行的。通常将装备分为新品、堪用品、待修品和废品四级。为了利于对装备的分类管理和处理,各部门、军兵种将四级制加以细化,把堪用品和待修品再细分,如表 1－1 所列。

表 1－1　质量等级划分

| 质量等级 | | 主　要　特　征 |
| --- | --- | --- |
| 新　品 | | 未经携行,储存时间不超过 10 年,未经大、中修,质量完好,配套齐全,能用于作战、训练 |
| 堪用品 | 一类 | 未经携行,储存时间超过 10 年或经大、中修,质量完好,配套齐全,能用于作战、训练 |
| | 二类 | 经携行,质量完好,配套基本齐全,能用于作战、训练 |
| | 三类 | 经携行,质量基本完好,能用于训练 |
| 待修品 | 小修 | 装备发生一般性故障或需维护且基层级修理分队能够修复和完成 |
| | 项目修理 | 故障部位定位在分系统、组合、模块、总成等单元且基层修理分队无法修复,需支援修理或送厂、所修理 |
| | 中修 | 装备主要性能指标下降或部分丧失,机械或外观部分损伤,基层级修理分队无法修复且不能定为项目修理,需送厂、所修理 |
| | 大修 | 装备主要性能指标普遍下降,或主要性能指标严重下降,机械或外观损伤严重且超出中修范围 |
| 废品 | | 无法修复或无修复价值 |

这种装备质量等级划分便于管理者对装备实力统计分析。

部队对装备完好率的要求随不同部队而异,如应急机动作战部队、战略预备队部队的火炮完好率应达到 95% 以上,战术导弹系统、炮兵雷达、指挥仪、油机、光学仪器完好率应达到 90% 以上,其他雷达完好率应达到 85% 以上;其他部队的火炮和光学仪器完好率应达到80%以上,战术导弹系统、雷达、指挥仪和油机完好率应达到70%以上;自行火炮完好率应达到85%以上[8]。

"两成两力"建设提出对保障能力建设或保障系统进行评估,其主要评估项目包括装备状况、人员素质、技术保障、装备管理、装备战备四个方面,主要采用针对项目按照内容进行对照检查的方法进行评分(表1-2)。

表1-2 "两成两力"建设标准和评估方法(部分)

| 项目 | 内容 | 标准与要求 | 扣分标准 | 考评方法 |
|---|---|---|---|---|
| 装备状况 | 装备完好 | 应急机动作战部队、战略预备队部队的火炮完好率达到95%以上,战术导弹系统、炮兵雷达、指挥仪、油机、光学仪器完好率达到90%以上,其他雷达完好率达到85%以上;其他部队的火炮和光学仪器完好率达到80%以上,战术导弹系统、雷达、指挥仪和油机完好率达到70%以上;自行火炮完好率达到85%以上 | | |
| | 装备配套 | (1)单件武器、雷达装备的随装护具、备品、附件、工具齐备完好;<br>(2)单件装备的随装技术资料齐全 | | |
| 技术保障 | 维修计划 | (1)维修计划齐全、编报合理、下达及时;<br>(2)严格按照维修计划组织 | | |
| | 维修制度 | (1)修理分队严格按修理任务分工、工艺流程和操作规程组织修理;<br>(2)武器雷达装备无失修现象;<br>(3)质量信息采集处理及时;<br>(4)修理分队业务工作时间不少于150天,巡回修理时间不少于业务时间的1/4,人员出勤率不低于80% | | |
| | 机具设备 | (1)各类检测、修理、保养机具设备按标准配齐;<br>(2)地面固定修理设备和主要机具完好率达到90%以上,野战设备和机具完好率达到95%以上;<br>(3)机具设备管理、保养人员定位,技术资料齐全 | | |
| | 供应保障 | (1)维修器材筹措、分发计划编报及时、准确;<br>(2)维修器材储备数量达到规定标准;<br>(3)维修器材存放分类清楚,堆积稳固,质量完好 | | |

# 1.3　现阶段装备质量评估存在的问题

目前,国内对装备质量评估研究已引起关注,但现行的装备质量评估方法比较单一、片面,缺乏综合、客观的评估方法。以军械产品质量分析评估为例,目前军代表系统均执行的是总装备部陆军科研与订购部 1999 年下发的"关于试行《军械产品质量统计分析和评估办法》的通知"文件中规定的数学模型。经过多年的使用和实践,发现该模型单纯的用产品故障密度和某些指标的实测数据作为特征值实现对产品质量水平的评估,特征要素比较单一,并不能科学准确地反映产品的质量水平,也不能有效地为质量工作提供参考。

质量是满足用户需求的程度,对于装备来讲,就是满足部队战备、作战和训练任务需要的程度,包括能力形成、能力保持、能力恢复、能力改善的需求。使用阶段装备质量分析评估应该从战斗力需求入手,按照全系统要素进行分析评估。根据这一原则,现有装备质量评估存在以下突出问题。

(1) 缺少一套合理的、令人信服的质量评估指标体系可供使用。装备完好监测标准已制定很多,但不能为切实反映装备质量水平提供数据支持,缺乏足够的严肃性,表现为可信度不高,实用性不强。

(2) 缺乏一套整装不解体情况下,简单可行的装备质量检测标准和手段。一方面,装备检测顶层规划不够,如设计时缺少集成的检测线缆接口,用于检测电子部件;另一方面,目前故障判断设备很多,但多数针对个别部件故障的专项测试设计,能够评估整装技术状况完好情况的设备并不多见。

(3) 缺乏简单适用的装备质量评估指标的估算模型。突出表现在缺乏有效的模型支持对装备关键零部件使用寿命分布规律的掌握。目前,尽管我军每种武器装备几乎都有掌握控制使用寿命的手段,如利用记录发射弹数和行驶里程估算装备的剩余寿命,宏观推算装备及其关键部件的当前质量状况。但这种方法和手段还不够精细,也不够科学。对于有些复杂的大型武器装备系统,由成千上万个零部件组成,每个零部件有不同的使用寿命,可以说是千差万别。某些零件的故障率决定了部件总成的故障率高低,部件总成的故障率又决定了整件装备、甚至整套装备系统的质量特性。

# 第2章 现役装备质量及其主要特性构成

## 2.1 装备质量一般内涵

### 2.1.1 装备质量的定义

产品质量是一个国家的科学技术、生产水平、管理水平和文化水平的综合反映。武器装备作为一种特殊的商品,它也存在着质量问题。由于武器装备是部队战斗力的重要组成部分,尤其在高科技条件下的现代战争中,它对战争的胜负起着至关重要的作用,因此,装备的质量显得尤为重要。

国际标准化组织(ISO)对质量的定义为:产品、体系或过程的一组固有特性满足顾客和其他相关方要求的能力,即用户需求的满意程度。也就是说,从用户的角度出发,看产品或服务是否满足用户的需要及满足需要的程度。

对于武器装备而言,"顾客"是指部队的使用与保障人员;"顾客和其他相关方的要求"主要指部队的作战使用与训练要求。因此,武器装备的质量可定义为:武器装备满足部队作战使用和训练需求的一组固有特性的总和。

这里的"一组固有特性"即武器装备质量的全特性,它既包括武器装备的专用特性,还包括武器装备的通用特性。武器装备的专用特性反映的是不同武器装备类别和自身特点的个性特征。以火炮为例,其专用特性主要为口径、射程、射击精度、射速、配备弹种等。对于导弹而言,其专用特性有射程、精度、威力、抗干扰性、控制方式等。通用特性反映的是不同武器装备均应具有的共性特征,如可靠性、安全性、维修性、测试性、保障性、环境适应性、经济可承受性、战备完好性和任务持续性等。通用特性是发挥专用特性的基础和保证。武器装备各种质量特性所依附的对象是个全系统,包括了从元器件/零部件/软件到武器装备、从主战装备到保障系统、从单一装备到装备体系的各个层次、各个方面。而且在武器装备全寿命周期过程,如立项论证、方案设计、工程研制、设计定型、生产和使用与保障等各个阶段都与质量特性密切相关。所以说,装备质量管理是装备全特性、全系统、全过程的质量管理。

（1）装备质量管理不仅要关注装备的专用特性,还要关注装备的通用特性,更要通过专用特性与通用特性的权衡,以实现装备的最佳效能。

（2）装备质量管理必须面向构成武器装备全系统的各层次产品,并根据不同层次产品的特点实施不同要求的质量管理,这样才能从整体上把握住装备质量。

（3）装备质量管理不仅要关注装备生产过程的质量,还要关注研制过程的质量,更要关注论证过程和使用与保障过程的质量。

## 2.1.2　装备质量管理

武器装备质量管理的发展历程基本上经历了三个阶段:生产过程管理、研制程序管理、可靠性系统工程管理。

生产过程管理主要通过元器件/原材料的入厂检验,加工、装配、调试的过程检验,交付产品前的质量特性检验,实现生产过程的一致性和产品质量特性的符合性目标。20 世纪 20 年代初,美军开始对质量进行检验,对生产过程进行控制。我军于 20 世纪 50 年代初,开始对测绘仿制进行符合性检验、质量检验,并开展过程控制。

研制程序管理主要通过指标论证、方案设计、工程研制、设计定型、生产定型等一套规范化的管理程序,实现掌握技术、固化状态的目标。美军于 20 世纪 50 年代初建立了采办程序并持续改革;我军于 20 世纪 80 年代初建立了研制程序并持续改革。

可靠性系统工程管理主要通过在全寿命过程中运用系统工程的方法,进行通用特性的论证、设计、试验、评价,实现稳定专用特性、提高装备效能的目标。美军于 20 世纪 70 年代前后开始开展可靠性维修性管理,我军于 20 世纪 90 年代开展可靠性系统工程管理。

可靠性系统工程管理、研制程序管理、生产过程管理共同构成了当前装备质量管理的时代特征。

### 2.1.3 装备全寿命过程质量管理重点

在武器装备全寿命周期过程的各个阶段,装备质量管理各有侧重。

**1. 论证质量管理**

论证过程主要是对信息资料的收集、筛选、归纳和总结的基础上进行创新的过程。装备质量特性论证是在科学预测的基础上,遵循装备建设规律,把军事需求、经济状况、技术可行性统一起来落实到各项具体要求的过程。

装备论证质量管理的任务是保证结果科学、合理、可行,满足作战任务需求。装备质量论证工作的重点如下:

(1)立足装备作战和保障需求提出装备质量特性要求。

(2)立足经济可承受性开展装备全寿命周期费用分析。

(3)确保论证过程中使用的数据和资料翔实、准确、可靠。

**2. 研制质量管理**

装备的质量是设计出来的,是靠生产实现的,即装备的质量主要是通过研制和生产赋予它的固有属性。

装备研制质量管理的任务是保证武器装备质量符合研制总要求和合同规定的要求。装备研制质量工作的重点如下:

(1)强化型号研制质量工作的总体策划。

(2)扎实开展装备质量设计。

(3)充分开展可靠性工程试验。

(4)严格进行质量评审。

(5)严格控制元器件和原材料质量。

(6)切实保证装备软件开发质量。

(7)狠抓配套产品质量。

(8)提高大型试验成功率。

(9)同步开展装备保障资源建设。

(10)使用部队提前介入型号研制过程。

(11)贴近实战考核检验武器作战效能。

**3. 生产质量管理**

生产质量管理的任务是保证武器装备质量符合合同规定的要求。装备生产质量工作的重点如下：

（1）严格技术状态管理。

（2）严格控制工艺、工序质量。

（3）推进量化的质量控制与试验技术。

（4）加强研制生产交叉项目的风险控制。

（5）加强安全生产管理。

（6）同步完成装备的配套保障工作。

**4. 使用阶段**

装备质量是通过使用来发挥和保持的。使用阶段是装备全系统、全寿命管理的重要阶段。装备使用和保障的好与坏，直接关系到装备能否充分发挥其设计的质量水平。

装备使用质量管理的任务是充分发挥、保持和回复武器装备性能。装备使用质量工作的重点如下：

（1）加强新装备贴近实战训练。

（2）加强新装备的安全使用管理。

（3）加强新装备使用管理与维修保障能力建设。

（4）科学制定装备使用与维修保障方案。

（5）加强在役装备的质量改进。

# 2.2　使用阶段装备质量

## 2.2.1　使用阶段装备质量的内涵

现代质量管理是装备质量管理发展的必然阶段，其实质是全系统、全特性、全过程的质量管理。

（1）全特性是指质量管理不仅要关注专用特性，还要关注可靠性、维修性、测试性、安全性、保障性，更要关注装备系统、装备体系的任务持续性、战备完好性和经济可承受性，长远考虑还应关注易用性、可生产性和可处置性等通用特性。

（2）全系统是指各种质量特性所依附的对象，一般包括从元器件/零部件

11

到武器装备、从硬件到软件、从主装备到保障系统、从单一装备到装备体系的各个层次、各个方面。

（3）全过程是指在武器装备全寿命周期过程，一般包括立项论证、方案设计、工程研制、设计定型、生产和使用与保障等过程。质量管理不仅要关注装备生产、研制过程，更要关注论证过程和使用与保障过程。

装备质量要求是由使用方提出的。通常使用方论证部门根据作战需求进行装备型号作战使用性能论证和战术技术论证，战术技术论证中的各项作战和保障的定性和定量要求、型号研制进度和装备部队时间以及各项费用等要求就是装备的质量要求。装备论证阶段是质量要求提出的阶段。

通过设计、试验、生产制造，实现了以上要求，最后通过验收，如果这些要求达到了，就形成了质量合格的装备。对装备来说，设计制造过程是合格质量的形成阶段。当然质量合格的装备交付部队使用，还要通过作战和训练实际考验是否切实满足实战要求，有时还要改进，这不过是设计制造过程的延伸。装备只有在部队实际条件下（包括人员、环境、实际使用过程等）使用后所表现的各项性能优劣，才能准确反映其质量水平。

使用阶段是装备质量的表现阶段。装备的作战性能、保障性能、经济性、时间性等质量特性都将在使用阶段通过部队一系列使用技术与管理活动表现出来。在使用阶段中所表现出来的装备质量，称为使用阶段装备质量。

使用阶段是指装备从交付部队起直至退役的整个过程，主要分为装备初始部署阶段和全面部署与使用阶段。其中初始部署阶段又分为部署准备期、部署初始期和部署完善期。全面部署与使用阶段可以用动用、储（封）存和维修三个主要状态（或过程）描述。

部署阶段是指从进行新型武器装备部署准备开始到该批装备形成部队独立技术保障能力和初始战斗力的过程。

动用是指武器装备完成规定的作战任务或平时训练任务的过程，是发挥装备战术技术性能的过程。

维修是指对装备进行维护和修理的过程，是保持、恢复或改进装备战术技术性能的过程。分为预防性维修和修复性维修。

储存是指将不动用的装备通过封存处理进行保管的过程，包括装备封存前的技术鉴定，检修与保养，封存施工，封存期间的管理和装备启封等过程。

使用阶段的特点概括地说主要体现在以下几个方面：

（1）环境复杂多变。

（2）人员流动大。

（3）任务强度变化大。

（4）物资保障条件不稳定。

装备质量要求在论证阶段提出并在设计和生产制造过程中形成，这是装备质量的基础和保证。使用过程中质量的表现可以说是质量的效果，它是使用方对装备质量的最终要求。

装备质量的形成要做大量的工作，同样装备形成合格的质量后投入使用还需要做大量工作，其质量才能得到有效的表现。对于武器装备来说，后者更具有重要的意义。首先武器装备与一般民用产品不同，它的复杂程度、独特的功能和严酷的使用环境，使用者需付出更多的劳动。虽然设计时考虑到使用时的诸多方面要求，但还要使用者适应装备的特点进行操作。例如，装备的结构、尺寸、空间位置等与相应的操作程序和动作规定是适合人素工程设计的，尽管选择适合要求的操作人员，实施必要的严格训练，但操作中不可避免地发生的这样或那样的变化，原定的操作规定将不完全适应，需要人来及时处理，才能保证质量得到实际有效的表现。

因此对武器装备质量的表现阶段来说更需要研究其特点，加强管理，才能达到满意的质量效果。

## 2.2.2　使用阶段装备质量管理

装备使用阶段质量管理，是指装备从交付部队起直至退役这一过程中，从事现役装备管理活动的各级机构及全体成员通过对人力、财力和物力的合理调控，对技术、信息、时间和空间的充分利用，用组织计划、检查控制手段，来保证装备随时处于良好的技术状态，最大限度地提高装备使用质量水平的活动，保证作战与训练的需要，同时将与设计、生产有关的信息及时反馈，以便对装备进行改进。

装备使用过程质量管理只包括装备使用阶段的全员和全过程。全员是指部队每个工作岗位及个人都要进行质量管理，并通过建立岗位责任制使从事装备使用的每个人明确质量要求；全过程是指接装、早期部署、动用、封存、保管、维修、技术革新、退役的装备使用阶段的工作环节都要进行质量管理。

使用阶段装备质量管理的目标是保持、恢复、改善和充分发挥装备的质量特性，满足部队战备、作战和训练任务需要。其主要任务包括：

（1）充分发挥武器装备的固有作战使用效能，使武器装备在研究设计和生产过程中注入和凝聚起来的潜在能量最大限度地发挥出来，高效、经济和可靠地完成作战和训练任务。装备使用前的准备和动用操作，主要是使装备能按原来规定的要求发挥其作用。如果使用不当，如准备工作有误，未按操作规程操作，不能妥善处理使用中的特殊情况，就会使装备的有关性能下降，如功率指标达不到规定值，寿命缩短，故障率增高，经济性下降等，甚至性能无法发挥出来。

（2）采取先进的预防维修技术措施（包括储存保管、定时检测、维护保养、定时拆修更换），保持武器装备的规定技术状态，能随时发挥规定功能，满足应急机动作战要求的装备完好率。装备使用过程中或使用后的保养、储存中的各种预防性维护工作，其主要目的是保持装备的性能，使其在使用与储存过程中性能的下降保持在规定的要求范围内，发现、减少和消除故障隐患。

（3）恢复装备的性能。一旦武器装备丧失规定功能，迅速采取有效措施，组织实施修复，及时恢复武器装备的规定技术状态和规定功能，保持部队的持续战斗能力。

（4）改善装备的性能。针对装备使用中出现的性能不符合要求的地方（如通过改善维修性来方便维修，缩短维修时间；通过进行装备测试性改进，使得判断装备技术状况的特征参数得以获得），或适应技术发展而需要提高和增加一些要求，通过改进设计，对性能做出不同程度的改善。

在使用阶段，根据装备所处的状态，质量管理的重点有所不同。

（1）在装备初始部署阶段，质量管理的中心任务是如何使新装备尽快形成维修保障能力和战斗力。

（2）在装备动用过程中，质量管理的中心任务是，如何通过周密组织充分发挥装备的最大效能。

（3）在装备储存过程中，质量管理的中心任务是，如何通过有效的封存手段使长期不动用装备保持在较高的技术状态水平，保证随时能用。

（4）在装备维修过程中,质量管理的中心任务是,如何在最短的时间、以最低的成本,恢复装备的完好状态。

按照全系统、全特性、全过程质量的概念与内涵,提出加强使用阶段装备质量管理的"科学使用、重在能力"的重要观点。其含义主要包括:

（1）要在严格考核、准确评估装备各项质量特性的基础上,科学使用装备,不断提高装备的作战能力和保障能力。

（2）在制定装备使用方案时,要运用装备的质量特性,精确地计算动用标准、任务成功率和毁伤效果,准确地测算装备的动用数量、准备数量、储备数量。

（3）在制定装备保障方案时,要根据装备使用方案,运用装备质量特性和故障规律,精确地测定维护、修理、抢修、测试、诊断要求,准确地计算维修器材、保障设备、保障人员等保障资源需求量,科学制定装备保障计划和装备保障方案。

## 2.2.3　使用阶段装备质量工作

不同的装备在使用阶段需要开展不同的使用技术管理活动,其主要内容可概括为:装备动用前的准备和动用操作;保养和维护;排除故障和修复损伤;综合性能、经济性和时间性的改善;以及为完成上述工作的保证措施:人力、物力、信息及管理等。这些活动同样涉及质量问题,仍然是为了满足使用方的需求,即所要求的各项性能。

装备使用阶段活动的目标对装备性能起到下列作用。

**1. 充分发挥装备的性能**

装备规定的性能要靠使用者的各项动用准备和动用操作来实现。虽然准备和操作有规定的程序和规范,但如准备工作不当,未切实遵守操作规程,不能随机处理一些特殊情况等,必然使有关性能下降,如发射精度变差、机动性下降、寿命减低、故障率增高、经济性变坏等,甚至某些性能无法发挥出来。

**2. 保持装备的性能**

装备使用中的保养、使用、储存和运输中的各种预防性维护等工作,其目的主要是保持装备规定的性能,使之在使用储存和运输中发生的变化和影响减少到规定的范围之内,发现并消除隐患,保证正常使用。保持装备性能的工作是装备使用阶段中耗费较大的工作,也是保证质量重要的一环。

**3. 恢复装备的性能**

装备使用中排除已发现的故障,修复自然损伤和战斗损伤等都是为了按要求恢复装备的部分或全部性能。

**4. 性能的改善**

由于设计考虑不周或装备使用要求的变化,当使用中发现装备的一些性能不符合要求,或为了适应高新技术发展而提高和增加一些性能要求时,需要通过必要的改进,对性能做出不同程度的改善。当然这种改善的内容与范围应是使用部门能力所及的,较大的改进工作,应由工业部门承担。

由此,可以明确地说,使用阶段装备质量主要表现在充分发挥、保持、恢复和改善装备的各项性能。

当使用阶段装备质量工作确定后,应建立使用阶段装备质量评价的参数体系和评价模型体系,以便于及时评估和掌握装备质量状况。

因此可以说,装备质量的评价是使用阶段装备质量的核心工作之一。针对不同的评价对象,选取相应的使用阶段装备质量评价参数,建立使用阶段装备质量评估模型,依托收集与整理的装备质量信息,评定装备质量水平,能够为不同的使用机构和人员提供决策(如新装备的论证、研制,现有装备保障系统的建立,保障资源的配备,保障方案的制定等)的依据。

## 2.2.4 各使用阶段装备质量管理工作目标与工作重点

装备使用(包括动用、维修与改善等工作)与生产制造相比多是以单件生产方式进行的,其质量受多种因素的影响。在研究使用质量问题时,应注意其工作特点。

(1)使用环境复杂多变。武器装备需要在不同条件下作战、使用与训练,部队需要经常地随同装备换防与转场。装备的使用环境变化很复杂,限于人们的认识和不可预见等因素,在装备论证和研制时不可能完全考虑周到。另外,我国幅员辽阔,在一个地区使用合格的装备,到另一个地区则可能不合格,或需要改变使用规范,否则不能满足使用质量的要求。

(2)使用人员素质变动较大。装备的设计制造是由基本固定的工作人员批量地进行着的,而装备的使用人员(干部和战士)则受到服役年限限制,需要经常轮换。他们虽然经过培训,但人员的技术能力和素质存在很大差异,导致对装备的使用与管理水平存在着显著不同,影响了使用质量。

（3）任务强度变化很大。装备需要执行的任务复杂,使用频数、持续时间等与民用产品稳定的工作条件差别很大。装备有时要承受无法预计的各种负荷,从而影响装备的使用质量。

（4）装备使用与维修的物质条件不稳定。装备使用与维修的备件、原材料和消耗品由于定货渠道不一,供货批次参差,其本身质量就存在差别。使用与维修所需要的保障设备和储存运输条件也处于经常变动状态,与固定条件极不相同,必然对使用质量产生较大影响。

从这些特点看,可以说装备使用是在动态下进行的,它们不同程度地影响装备性能的发挥、保持、恢复与改善,同样也反映到装备使用质量上去。在研究装备使用阶段质量时,必须逐项做出仔细分析,采取措施,使装备的质量在变动的使用条件下得到满意的结果。

下面针对装备初始部署阶段和全面部署与使用阶段分别分析其装备质量管理的目标与主要工作内容。

**1. 初始部署阶段**

新型装备初始部署阶段,是指首批新型装备从设计定型后投入现场使用到初步形成保障能力和使用能力的过程。新型装备初始部署阶段是装备寿命周期中的一个特殊阶段,处于工程研制阶段和大批量生产阶段之间,目前是国内外新型产品研制中的一个薄弱环节。国外部分专家主张,在工程研制阶段和高速生产阶段之间应该确定一个"生产过渡阶段",不管是否划定这个阶段,实际上存在着一个过渡时期,有人将此称为采办过程中的"灰色区域"。这段时期可能长达3~5年,通常始于投产决定之前1~2年,止于投产决定之后2~3年。我国把新型装备的研制与生产规划为论证阶段、方案阶段、工程研制阶段、设计定型阶段、生产定型阶段和使用阶段,在设计定型及其之前的研制过程中严格遵照规定执行,但是,设计定型结束后投入使用,直接进入使用阶段,没有实施生产定型。由此带来一系列问题,使新型装备的使用和维修保障困难,由于存在这些问题,需要将新型装备初始部署阶段单独作为一个特殊的装备管理阶段进行装备使用阶段质量管理研究。

新型装备初始部署阶段质量管理研究的目的是确保新型装备在初始部署阶段能够实施良好的质量管理,加速工程研制产品向部队武器装备的过度,使新型装备尽快形成部队独立技术保障能力,尽快形成战斗力。

1）部署准备期

部署准备期的目标是保证使用部队具备接管新型装甲装备的条件,包括具备经过培训的使用和维修人员,拥有相应的保养和维修设施、设备、技术手册等保障资源,具备初始使用和维修条件。其主要工作内容包括:

（1）是否建设保障设施。

（2）是否配备了新型装备需求的使用和维修人员。

（3）使用人员、修理人员、器材管理人员、信息管理人员和技术监测人员、技术干部等技术人员,是否进行了初始技术培训。

（4）技术手册是否已经编制完成。

（5）保障设备是否规划和配套。

（6）是否建立了新型装备技术信息管理系统。

（7）是否建立承制方技术服务制度。

2）部署初始期

部署初始期的目标是保证使用部队经过新型装备实车的使用、维修工作,形成初始维修保障能力。其主要工作内容包括:

（1）交接的装备是否完整齐全。

（2）接受的装备其技术状况是否符合产品技术条件要求。

（3）装备随车工具备品、附件、技术资料应符合装备交接规定。

（4）部队保障机构是否建立。

（5）部队保障机构与装备保障是否相适应。

（6）建设的保障设施与新装备的适应性。

（7）保障装备是否配套到位。

（8）保障装备的使用适应性。

（9）保障设备是否配套到位。

（10）保障设备的使用适应性。

（11）技术手册是否配套到位。

（12）技术手册保障装备的使用适应性。

（13）器材供应是否配套到位。

（14）器材消耗标准的准确性。

（15）技术人员是否满足装备需求。

（16）使用和维修方案的使用适应性。

（17）是否组织了新装备的普遍动用。

（18）是否组织了新装备的集中动用。

（19）使用试验(集中动用)的质量管理。

（20）新型装备信息管理系统的使用适应性。

（21）承制方的技术服务内容的适应性。

3）部署完善期

部署完善期的目标是使用部队可独立完成使用和保养,具备装备小修和中修能力,大修厂形成初始大修能力,建立正常的器材供应和储备制度。初步形成技术保障能力和战斗力。其主要工作内容包括：

（1）是否完成普遍动用和集中动用。

（2）是否完成保障方案和技术文件的修订。

（3）部队是否形成使用和维修保障能力。

**2. 全面部署与使用阶段**

1）动用过程

武器装备动用过程质量目标是在各种条件下持续地充分发挥其战术技术性能,保持其最佳运行状态,安全、高效、经济地完成作战和训练任务。基本措施包括：

（1）严格执行装备动用的法规及标准。

（2）严格按技术性能和编配用途动用装备。

（3）严格遵守动用计划。

影响动用质量的主要因素包括：

（1）使用可靠性。

（2）装备动用管理法规、标准是否科学合理。

（3）质量管理机制。

（4）动用质量信息。

（5）装备保障性与部队保障能力的匹配。

（6）经费。

2）储存过程

装备储存过程是装备使用阶段各过程中重要的一环,对其实施全面质量管理,目的在于保持装备技术状态完好,应对突发事件发生,满足战备和训练需求。对装备储存过程实施质量管理,其质量目标可确定为:保持装备在规定时间内的质量特性完好,保障部队使用储存的装备可遂行平时和战时的各项任务,满足战备和训练需求。

同任何影响产品质量的因素一样,影响装备封存质量的主要因素仍离不开环境、人员、设备、材料和法规等诸多因素。

3）维修过程

装备维修工作是使用阶段质量管理的重要组成部分,是形成部队战斗力的重要因素,是部队完成作战和训练任务的重要保障。

装备维修的质量管理是指在维修活动中,确保维修质量而采取的管理措施。在现代装备维修过程中,质量管理工作具有越来越重要的地位和作用,通过合理地实施装备维修的质量管理工作,不仅可以有效地掌握装备维修的质量状态,为装备使用与维修决策提供依据,而且能够提高装备的战备完好性与任务成功性,延长装备的寿命,减少装备的使用保障费用。

装备维修质量管理必须运用现代质量管理的理论和方法,对维修的各项技术活动实施全员、全过程和全面的质量管理。必须按照科学化的要求,严格执行维修的工艺规程,控制好影响维修质量的五大因素,即人、机器、原材料、操作测量方法和环境因素,以保证维修质量符合要求。其基本要求包括:

（1）建立质量管理机构,完善修理质量监控体系。修理机构要建立质量检查、管理和领导组织,经常开展质量教育和质量分析。严格按修理工艺规程修理,加强检查、监督,保证修理质量工作的落实。

（2）加强质量检验。正确规定质量检验的范围、内容、标准和要求,合理选择工序检验方式,落实检验制度。

（3）落实质量责任制。要明确各种人员的责任、权限和相互关系、加强修理质量的检查、监督。

（4）坚持返修制度。修竣装备在规定的保修期内出现修理质量问题,承修单位无条件负责返修,酿成严重后果的,按有关规定进行处罚。

（5）加强质量信息反馈。要建立健全质量原始记录,重视数据的积累,及时进行统计分析,系统准确地掌握质量动态,随时进行质量控制。

（6）进行质量评估。要定期对装备维修质量进行包括修后故障情况、修理效率、修理消耗费用等方面内容的定性、定量评估。

## 2.3　使用阶段装备质量主要特性

装备使用阶段不仅要保证装备质量得以发挥,还要使装备质量能够保持和恢复,因此装备质量特性应反映装备的全特性、全系统质量(图 2-1)。全特性质量是指装备的专用特性和通用特性,专用特性是反映不同武器装备类别和自身特点的个性特征,如射程、精度、威力、速度等;通用特性是反映不同武器装备均应具有的共性特征,如可靠性、维修性、安全性、测试性、可部署性、战备完好性、任务持续性等。全系统质量是指除了装备专用和通用特性外,还包括装备保障系统特性。

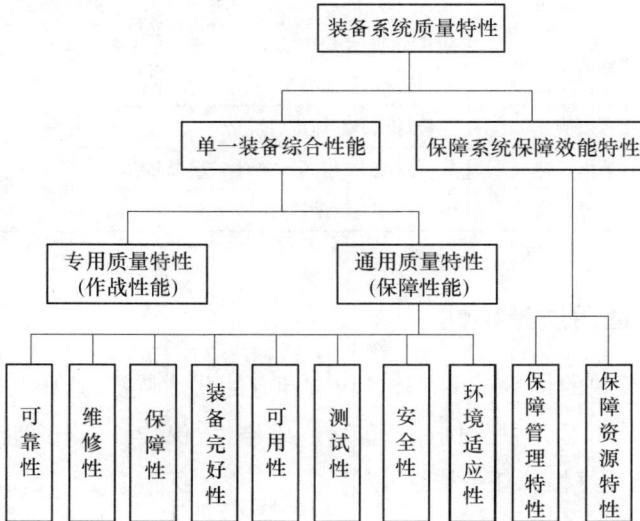

图 2-1　装备系统质量特性构成

初始部署期由于装备保障系统还没有完全形成,管理和资源处于逐步完善阶段,使用与维修数据还不够充分,装备质量的评价主要集中在专用特性和部分通用特性以及某一类保障资源的匹配性,而对于某些综合特性(如战备完好性、任务持续性),以及与保障系统相关的特性,则不适合做出评价;随着保障系统的建立和保障能力的形成,全面部署阶段装备质量评价不仅要考虑装备的专用和同特性,还要考虑保障系统特性。

## 2.3.1 装备的专用质量特性

装备的专用质量特性反映的是不同武器装备类别和自身特点的个性特征,根本上决定了装备的作战性能。以某型火箭炮武器系统为例,其作战性能主要为射程、射击精度、射速等。表2-1给出一些具有代表性的武器装备所具有的作战性能。

表2-1　典型装备作战性能

| 序号 | 装备类型 | 主要作战性能 |
| --- | --- | --- |
| 1 | 火炮 | 口径、射程、射击精度、射速 |
| 2 | 军用飞机 | 飞行速度和高度、加速度、作战半径、最大航程、载重量 |
| 3 | 坦克装甲车辆 | 战斗全重、发动机功率、火力性能、速度、越野通过能力、最大行程、装甲防护能力 |
| 4 | 水面舰艇 | 吨位、排水量、速度、抗沉性 |
| 5 | 地面雷达 | 抗干扰能力、射频频率、探测距离、精度 |
| 6 | 制导武器 | 射程、精度、抗干扰性、控制方式 |

## 2.3.2 装备通用质量特性

通用特性反映的是不同武器装备均应具有的共性特征,这些共性特性共同决定了装备的作战适用性。例如,可靠性、维修性、保障性、测试性、安全性、环境适应性、战备完好性和任务持续性等[9]。

**1. 作战装备质量特性**

1)可靠性(耐久性)

可靠性是指装备在规定条件下和规定时间内,完成规定功能的能力。可靠性反映了装备是否容易发生故障的特性,其中基本可靠性反映了装备故障引起的维修保障资源需求,任务可靠性反映了装备功能特性的持续能力。基本可靠性常用故障率、平均故障间隔时间来度量。任务可靠性常用任务可靠度、平均严重故障间隔时间等度量。

耐久性是指装备在规定的使用和维修条件下,其使用寿命的一种度量,是可靠性的一种特殊情况。耐久性一般常用使用寿命、储存寿命、首翻期、大修期度量[10]。

2）维修性

维修性是指装备在规定的条件下和规定的时间内,按规定的程序和方法进行维修时,保持或恢复其规定状态的能力。维修性一般用平均修复时间、拆装时间、维修工时等度量。

3）测试性

测试性是产品(系统、子系统、设备或组件)能够及时而准确地确定其状态(可工作、不可工作或性能下降),并隔离其产品内部故障的一种设计特性。测试性一般用检测时间、技术准备时间、故障检测率、故障隔离率、虚警率度量。

4）安全性

安全性是指装备不发生事故的能力。安全性作为装备的设计特性,是装备设计中必须满足的重要特性,它可定义为装备在规定的条件下和规定的时间内,以可接受的风险执行规定功能的能力。装备的安全性一般用事故概率、损失率、安全可靠度度量。

5）战备完好性

战备完好性是指装备在平时和战时使用条件下,能随时开始执行预定任务的能力。战备完好性一般用战备完好率、可用度度量。

此外,装备的通用特性还应包括易用性、可生产性和可处置性等特性。易用性反映了装备好不好用的特性,主要对应人素工程或人为因素的设计;可生产性反映了装备以最有效和最经济的方法进行制造、装配、检验、试验、安装、核查和验收的固有特性;可处置性反映了装备生产、使用和退役全寿命过程中所产生废弃物的可回收特性和再利用特性[11]。

**2. 保障系统的质量特性**

全系统质量指除了装备专用和通用特性外,还包括装备保障系统的保

23

障效能特性。保障系统的保障效能特性,又可分为保障管理特性和保障资源特性。

1)保障管理特性

保障系统是在寿命周期内使用和维修装备的所有保障资源及其管理的有机组合,而保障管理是保障系统运行中的组织、计划、监督和控制等活动,对装备战备完好性有直接影响。保障管理特性通常用平均保障延误时间、平均管理延误时间度量。

2)保障资源特性

(1)人力人员特性。人力人员是指平时和战时使用与维修装备所需人员的数量、专业及技术等级,是最重要的保障资源,在装备质量保持和恢复中起着决定性作用。人力人员特性一般用满足率、利用率度量。

(2)技术资料特性。技术资料是指使用与维修装备所需的说明书、手册、规程、细则、工程图样等,可分为图样技术资料、表格技术资料、文字技术资料、声像技术资料。技术资料特性一般用其完整性、利用率、编写质量和水平、交付及时性度量。

(3)保障设备特性。保障设备是指储存、使用与维修装备所需的各类设备,包括储存设备、测试设备、维修设备、机动保障设备、包装和运输设备等。保障设备特性一般按通用保障设备和专用保障设备的满足率、利用率度量。

3)保障装备质量特性

(1)保障器材特性。保障器材是指装备使用与维修所需要的备件和消耗品的品种和数量,装备质量能否及时而有效地得到保持和恢复,很大程度上取决于能否及时得到所需的物资器材。保障器材特性一般用备件、消耗品品种和数量的满足率、利用率等度量。

(2)保障设施特性。保障设施是指使用与维修装备所需的永久性和半永久性的建筑物及其配套设备,可分为使用设施、维修设施、储存设施和训练设施等。保障设施特性一般按各类设施的满足率、利用率度量。

(3)包装、装卸、储存和运输特性。装备的包装、装卸、储存和运输是指为保证制造出来的装备到达使用单位过程中和在储存期内保持状态完好所必须的各种活动。作为一个综合保障要素,需要考虑装备使用的环境以及短期与长期的封存和运输要求。包装储运可以从装备尺寸、结构是否满足相关限制要求、包装方式适应性、装卸效率及安全性、储存期限与方式合理性、运输费用合理性等方面度量。

**3. 弹药质量特性**[12]

装备的弹药质量特性主要用存储可靠度衡量。

# 第3章 现役装备通用质量评估理论及其基本思路

深刻理解装备使用质量的基本内涵,了解装备使用质量评估的相关理论,是开展装备使用质量评估的基础。本章就装备使用质量评估的相关概念和理论进行研究。

## 3.1 评估的基本理论

### 3.1.1 评估的基本概念

为了客观地衡量装备的使用质量以及任务完成能力,需要对其进行评估。评估是指评估主体根据确定的目的和标准测定对象系统的各种属性量值,满足主体需求程度,并将这种属性变为客观定量的计值或者主观效用的行为[14]。

评估包括评估目标、评估对象、评估者、评估指标体系、评估模型和评估结果等几个要素,通常在进行评估时,应遵循系统性、原则性、客观性、科学性、专业性、发展性、独立性的原则。

在进行系统评估时,首先要根据系统目标规定的一组评估指标,确定评估的项目,制定评估的准则。系统的评估项目是由构成系统的性能要素来决定的,这些要素构成描述系统性能的有序集合,可以根据系统所处的实际环境条件来安排它们的评估顺序。对于这些因素赋予一定的加权值(反映各因素在系统评估中的重要程度的系数),经过合成后形成一种评估体系。对于评估目的不同的评估者来说,评估准则的内容和选取的加权值也是很不相同的。在系统评估阶段,要对这些问题展开充分的讨论,将各个问题构成要素之间的相互关系明确,取得客观公正的内在联系,在此基础上,对系统进行定量化的评估。

评估的步骤是有效进行评估的保证,一般步骤包括以下几步:

(1) 明确系统目标,熟悉系统方案。

(2) 分析系统要素。

(3) 确定评估指标体系。

(4) 制定评估结果和评估准则。

(5) 确定评估方法。

(6) 系统综合评估[15]。

## 3.1.2　常用的评估方法

### 1. 主成分分析法

主成分分析法是将多个指标转化为少数几个互不相关的综合指标的一种多元统计分析方法[16]。设有 $n$ 个样本,每个样本由 $p$ 个指标 $X_1, X_2, \cdots, X_p$ 描述,可得原始数据矩阵:

$$X = (X_1, X_2, \cdots, X_p) = \begin{pmatrix} x_{11} & x_{12} & \cdots & x_{1p} \\ x_{21} & x_{22} & \cdots & x_{2p} \\ \vdots & \vdots & \ddots & \vdots \\ x_{n1} & x_{n2} & \cdots & x_{np} \end{pmatrix}$$

式中: $X_j = (x_{1j}, x_{2j}, \cdots, x_{nj})^{\mathrm{T}} (j = 1, 2, \cdots, p)$。

数据矩阵 $X$ 的 $p$ 个向量

$$X_1, X_2, \cdots, X_p$$

做线性组合(即综合指标向量),可得

$$F_i = a_{1i}X_1 + a_{2i}X_2 + \cdots + a_{pi}X_p \quad i = 1, 2, \cdots, p \qquad (3-1)$$

其中

$$a_{1i}^2 + a_{2i}^2 + \cdots + a_{pi}^2 = 1 \quad i = 1, 2, \cdots, p$$

系数由下列原则确定:

(1) $\mathrm{Cov}(F_i, F_j) = 0 (i \neq j; i, j = 1, 2, \cdots, p)$,即 $F_i$ 与 $F_j$ 不相关。

(2) $F_1$ 是 $X_1, X_2, \cdots, X_p$ 的以上组合中方差最大的,其次为 $F_2, F_3, \cdots, F_p$,即 $\mathrm{Var}(F_1) \geqslant \mathrm{Var}(F_2) \geqslant \cdots \geqslant \mathrm{Var}(F_p)$。

新的综合指标的总方差保持不变,即

$$\sum_{i=1}^{p} \text{Var}(x_i) = \sum_{i=1}^{p} \text{Var}(F_i) \qquad (3-2)$$

上述决定的综合指标 $F_1,F_2,\cdots,F_p$ 分别称为原始指标的第一主成分,第二主成分,$\cdots$,第 $p$ 个主成分。用前边的一部分主成分 $F_1,F_2,\cdots,F_k(k<p)$,就可以反映原始指标所包含的较大部分的信息量,而且各主成分之间是互不相关的。这样就可以用少数的几个互不相关的主成分代替原始指标来分析解决问题。

由式(3-1)可知要求出原指标的主成分,核心是求出组合的系数。设

$$X = (X_1, X_2, \cdots, X_p)$$

的协方差矩阵为 $S$,其 $p$ 个特征根从大到小依次为

$$\lambda_1 > \lambda_2 > \cdots > \lambda_p > 0$$

数理统计已经证明,原始指标的第 $i$ 个主成分 $F_i$ 的组合系数

$$a_{1i}, a_{2i}, \cdots, a_{pi}$$

正是 $S$ 的第 $i$ 个特征根 $\lambda_i$ 对应的标准化特征向量,且有

$$\text{Cov}(F_i, F_j) = \begin{cases} \lambda_i & i=j \\ 0 & i \neq j \end{cases} \qquad (3-3)$$

因而,前 $k$ 个主成分的方差贡献率为

$$a(k) = \frac{\text{Var}(F_i)}{\text{Var}(F_j)} = \frac{\sum\limits_{i=1}^{k} \lambda_i}{\sum\limits_{j=1}^{p} \lambda_j} \qquad (3-4)$$

这样要求得原始指标的 $p$ 个主成分,只需求出原始指标的协方差矩阵 $S$ 的特征根及相应的标准化正交特征向量。主成分用原始指标 $X_1,X_2,\cdots,X_p$ 可表示为

$$F_i = a_{1i}X_1 + a_{2i}X_2 + \cdots + a_{pi}X_p \qquad i=1,2,\cdots,k \qquad (3-5)$$

一般再采用加权算术平均来综合,并且以各主成分的方差贡献率为权重,即

$$F = \frac{\lambda_1 F_1 + \lambda_2 F_2 + \cdots + \lambda_k F_k}{\sum\limits_{i=1}^{p} \lambda_i} \qquad (3-6)$$

根据式(3-5)、式(3-6)可得到各样本的主成分综合评估值,进而可以进行比较和排序分析。

**2. 层次分析法(AHP)**

AHP是根据问题的性质和要达到的目标分解出问题的组成因素,并按因素间的相互关系及隶属关系,将因素层次化,组成一个层次结构模型,然后按层分析,最终获得最低层因素对于最高层的重要性权值,再进行优劣性排序[17]。在AHP中递阶层次思想占据核心地位,通过分析建立一个合理有效的递阶层次结构对于能否成功地解决问题具有决定性意义。AHP的具体步骤如图3-1所示。

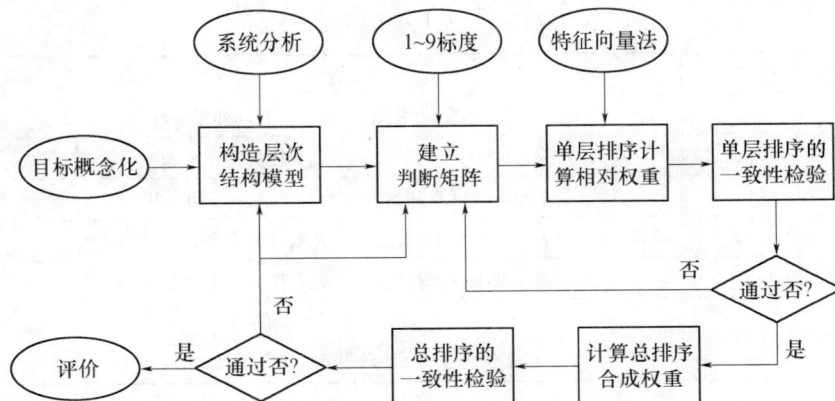

图3-1 AHP的步骤

1)建立层次结构模型

层次的划分及各影响因素的选择必须根据具体情况而定,一般包含目标层、准则层(通常还包括子准则层)和方案层,如图3-2所示。

2)构造判断矩阵并求其最大特征值和特征向量

(1)AHP互反判断矩阵的构造。构造判断矩阵的关键是利用何种标度来表示元素之间两两比较的结果,常用的标度方法有序标度、区间标度和比例标度等。美国著名运筹学家T. L. Saaty建议采用1~9标度表征其重要性(表3-1),但是各层中的因素个数及因素两两成对比较的取值不是一成不变的,要根据评估系统所涉及的具体评估内容来确定[18]。

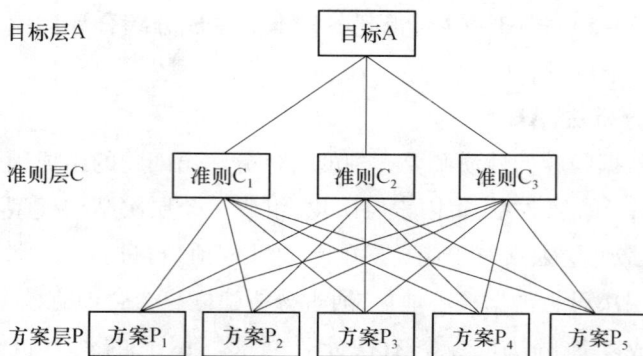

图 3-2 层次结构模型

表 3-1 1~9 标度表

| 标　度 | 含　义 |
| --- | --- |
| 1 | 表示两个元素相比,具有同样重要性 |
| 3 | 表示两个元素相比,一个元素比另一个元素稍微重要 |
| 5 | 表示两个元素相比,一个元素比另一个元素明显重要 |
| 7 | 表示两个元素相比,一个元素比另一个元素十分重要 |
| 9 | 表示两个元素相比,一个元素比另一个元素极端重要 |
| 2, 4, 6, 8 | 为上述相邻判断的中值<br>若元素 $i$ 与 $j$ 比较得 $a_{ij}$,则 $j$ 与 $i$ 比较得 $1/a_{ij}$ |

设经过调研和专家咨询后得到某一判断矩阵为

$$A = \begin{pmatrix} a_{11} & a_{12} & \cdots & a_{1n} \\ \vdots & \vdots & \ddots & \vdots \\ a_{n1} & a_{n2} & \cdots & a_{nn} \end{pmatrix} \quad\quad (3-7)$$

式中:$a_{ij}$ 取值为 $1\sim9$,$1/9\sim1/2$。

（2）判断矩阵特征向量求法。由方程 $A \cdot W = \lambda_{max} \cdot W$ 精确求解矩阵 $A$ 的特征向量很复杂,下面介绍两种近似计算特征向量的方法,分别是和积法与根法。

① 和积法。

第一步:将矩阵 $A$ 按列归一化,即

$$b_{ij} = \frac{a_{ij}}{\sum_{i=1}^{n} a_{ij}} \qquad i,j = 1,2,\cdots,n \qquad\qquad (3-8)$$

第二步：将每一列经归一化后的判断矩阵按行相加，即

$$\mu_i = \sum_{j=1}^{n} b_{ij} \qquad\qquad (3-9)$$

第三步：将得到的和向量归一化，即得权重向量 $\boldsymbol{W} = (w_1, w_2, \cdots, w_n)^{\mathrm{T}}$，则

$$w_i = \frac{\mu_i}{\sum_{j=1}^{n} \mu_j} \qquad i = 1,2,\cdots,n \qquad\qquad (3-10)$$

第四步：计算矩阵最大特征根 $\lambda_{\max}$，由 $\sum_{j=1}^{n} a_{ij} w_j = \lambda_i w_i (i = 1,2,\cdots,n)$，得

$$\lambda_{\max} \approx \sum_{i=1}^{n} \left[ (\boldsymbol{AW})_i / n w_i \right] \approx \frac{1}{n} \sum_{i=1}^{n} \frac{\sum_{j=1}^{n} a_{ij} w_j}{w_i} \qquad\qquad (3-11)$$

式中：$(\boldsymbol{AW})_i$ 表示 $\boldsymbol{AW}$ 的第 $i$ 个元素。

② 根法。

第一步：$\boldsymbol{A}$ 的元素按行相乘，即

$$b_{ij} = \prod_{j=1}^{n} a_{ij} \qquad\qquad (3-12)$$

第二步：将式(3-12)开 $n$ 次方，得

$$\mu_i = \sqrt[n]{b_{ij}} \qquad i = 1,2,\cdots,n \qquad\qquad (3-13)$$

第三步：将上面得到的向量归一化就得到权重向量 $\boldsymbol{W} = (w_1, w_2, \cdots, w_n)^{\mathrm{T}}$，则

$$w_i = \frac{\mu_i}{\sum_{i=1}^{n} \mu_i} \qquad\qquad (3-14)$$

第四步：计算矩阵最大特征根 $\lambda_{\max}$，即

$$\lambda_{\max} \approx \sum_{i=1}^{n} \left[ (\boldsymbol{AW})_i / n w_i \right] \approx \frac{1}{n} \sum_{i=1}^{n} \frac{\sum_{j=1}^{n} a_{ij} w_j}{w_i} \qquad\qquad (3-15)$$

3）单层排序的一致性检验及调整

由于客观事物的复杂性、主体认识的局限性以及主体之间认识的多样性，

判断矩阵不可能具有完全一致性,判断矩阵的不一致性会影响结果的准确性,因此在求权重之前,必须对判断矩阵 $A$ 进行一致性检验,当不满足一致性要求时,要进行调整[19]。

T. L. Saaty 及其同事们进行理论研究和社会实践,总结出了一致性检验的方法步骤。

(1)计算一致性指标:

$$C.I. = \frac{\lambda_{max} - n}{n - 1} \qquad (3-16)$$

(2)求出随机一致性指标:

$$C.R. = \frac{C.I.}{R.I.} \qquad (3-17)$$

式中:C. I. 为一致性指标;$\lambda_{max}$ 为判断矩阵 $A$ 的最大特征值;$n$ 为矩阵 $A$ 的阶数;R. I. 为平均随机一致性指标,可采用表 3 - 2 中所列数值。

表 3 - 2 平均随机一致性指标

| $n$ | 3 | 4 | 5 | 6 | 7 | 8 | 9 | 10 | 11 | 12 | 13 | 14 | 15 |
|------|------|------|------|------|------|------|------|------|------|------|------|------|------|
| R. I. | 0.52 | 0.89 | 1.12 | 1.26 | 1.36 | 1.41 | 1.46 | 1.49 | 1.52 | 1.54 | 1.56 | 1.58 | 1.59 |

(3)判断矩阵的一致性检验标准:当随机一致性指标 C. I. ≤ 0.1R. I. 时,一般认为判断矩阵的一致性是可以接受的,可利用上述方法求权重;否则必须重新调整判断矩阵 $A$ 中的元素值,再重新计算,直到满足一致性要求为止。

(4)权值的调整。权重的确定过程包括权重的初值设定、归一化和调整三个阶段。当经过前两个阶段得到的权重进行检验与判断时,认为不合理或不满意的权重值通常重新构造判断矩阵并进行计算,直到满足一致性检验标准为止。

4)计算各层元素对系统目标的合成权重并进行排序

根据第二步计算出来的各级指标的权重值,经过第三步的一致性检验后,可以计算各层元素对系统目标的合成权重,其方法是采用线性求和的方法来求取合成权重,最后再根据求得的合成权重值进行优劣排序或做进一步的计算。

5）总排序一致性检验及调整

对层次总排序也需做一致性检验,检验方法为由高层到低层逐层进行。这是因为虽然各层次均已经过单层排序的一致性检验,各成对比较判断矩阵都已具有较为满意的一致性。但当综合考察时,各层次的非一致性仍有可能积累起来,引起最终分析结果较严重的非一致性。

设 $B$ 层中与 $U_j$ 相关的因素的成对比较判断矩阵在单排序中经过了一致性检验,求得单排序一致性指标为 C.I.$(j)(j=1,2,\cdots,m)$,相应的平均随机一致性指标为 R.I.$(j)$(C.I.$(j)$、R.I.$(j)$ 已在层次单排序时求得),则 $B$ 层的总排序随机一致性指标为

$$C.R._{sum} = \frac{\sum_{j=1}^{m} C.I.(j)a_j}{\sum_{j=1}^{m} R.I.(j)a_j} \qquad (3-18)$$

式中:$a_j$ 为因素 $U_j$ 所对应的重要性权重。

当 C.I. $\leqslant 0.1$R.I. 时,认为层次总排序结果具有较满意的一致性并接受该分析结果;否则,需要重新计算各层权重。

**3. 熵权评估法**

熵权评估法是从指标数值间的差异出发,在分析过程中通过熵值确定各指标权重系数的客观评估方法。一般来说,综合评估中某项指标值的差异程度越大,信息熵越小,该指标提供的信息量越大,该指标的权重也应越大;反之,该指标的权重也应越小。因此,可以根据各项指标值的差异程度,利用熵计算出各指标的权重——熵权[20]。

1）信息熵

熵是物质系统状态的一个函数,它表示系统的紊乱程度,是系统的无序状态的量度。一般来说,由于不确定性是无序性的量度,而获得信息将使无序性减少而使有序性增加,因此获得信息的过程是从无序向有序转化的过程,这种“转化”的定量描述则是通过信息量来实现的。可见,熵与信息紧密相联,从微观上看,系统的有序性越高,熵越小,此时含的信息量越大;相反,系统越混乱,有序度差,熵越大,含有的信息量越小。

所以,信息熵表征了信息源整体的统计特征,是总体平均不确定性的

量度[21]。

设 $X$ 是取有限个值的随机变量,$P_i = P\{X = x_i\}(i = 1,2,\cdots,n)$,则 $X$ 的熵定义为

$$H(X) = \sum_{i=1}^{n} P_i \log_a \frac{1}{P_i} \qquad (3-19)$$

式中:对数底 $a$ 可以为任何正数,并规定当 $P_i = 0$ 时,$P_i \log_a(1/P_i) = 0$。

式(3-19)为 Shannon 信息熵表达式。由此可见,信息熵是由事物内部属性客观决定的,如果能够用信息熵来确定权重,则能够保证权重的客观性[22]。

2) 效用函数的构建

现在考虑一个 $m$ 个评估指标,$n$ 个评估对象的评估问题(以下简称($m,n$)评估问题),设 $E = \{e_1,e_2,\cdots,e_n\}$ 为被评估对象集,$Z = \{z_1,z_2,\cdots,z_m\}$ 为综合评估指标体系中的 $m$ 个分指标,按照定性与定量相结合的原则取得基于原始数据的评估矩阵:

$$\boldsymbol{R'} = \begin{pmatrix} r'_{11} & r'_{12} & \cdots & r'_{1n} \\ r'_{21} & r'_{22} & \cdots & r'_{2n} \\ \vdots & \vdots & \ddots & \vdots \\ r'_{m1} & r'_{m2} & \cdots & r'_{mn} \end{pmatrix} \qquad (3-20)$$

式中:$r'_{ij}$ 为第 $j$ 个被评估对象的第 $i$ 个分指标值($i = 1,2,\cdots,m;j = 1,2,\cdots,n$)。

通常,评估指标 $Z = \{z_1,z_2,\cdots,z_m\}$ 有两种类型,即效益型指标(大者为优)和成本型指标(小者为优)。由于各分指标具有不同的量纲和类型,且代表不同的物理含义,难以进行直接比较。因此,在进行综合评估之前必须将这些分指标标准化,使其均落到某一无量纲区间,这样用于标准化处理的效用函数的构建便显得非常必要。下面就是效用函数的构建过程。

(1) 对于效益型指标,有

$$r_{ij} = \frac{r'_{ij} - \min_j r'_{ij}}{\max_j r'_{ij} - \min_j r'_{ij}} \qquad i \in I_1(I_1 \text{ 为效益型指标}) \qquad (3-21)$$

(2) 对于成本型指标,有

$$r_{ij} = \frac{\max_j r'_{ij} - r'_{ij}}{\max_j r'_{ij} - \min_j r'_{ij}} \qquad i \in I_2(I_2 \text{ 为成本型指标}) \qquad (3-22)$$

标准化目标矩阵 $\boldsymbol{R}'$ 后得到矩阵 $\boldsymbol{R} = (r_{ij})_{m \times n}$，其中 $r_{ij} \in [0,1]$，即是所求的效用函数。

3）熵权

**定义 3.1**　在 $(m,n)$ 评估问题中，第 $i$ 个评估指标的熵定义为

$$H_i = -k \sum_{j=1}^{n} f_{ij} \ln f_{ij} \qquad i = 1,2,\cdots,m \qquad (3-23)$$

式中：$f_{ij} = \dfrac{r_{ij}}{\sum\limits_{j=1}^{n} r_{ij}}$，$k = \dfrac{1}{\ln n}$，并假设，当 $f_{ij} = 0$ 时，$f_{ij} \ln f_{ij} = 0$。

**定义 3.2**　在 $(m,n)$ 评估问题中，第 $i$ 个评估指标的熵权定义为

$$E_i = \frac{1 - H_i}{m - \sum\limits_{i=1}^{m} H_i} \qquad i = 1,2,\cdots,m \qquad (3-24)$$

4）评估过程

熵权评估法的核心问题就是计算指标的熵权，其过程如下：

（1）确定被评估的方案有 $n$ 个，每个评估方案的评估指标有 $m$ 个，它们是综合考虑各相关指标得出的较合理的方案。

（2）确定多对象关于多指标的非模糊评估矩阵 $\boldsymbol{R}' = (r'_{ij})_{m \times n}$，按照式（3-21）、式（3-22）对目标矩阵 $\boldsymbol{R}'$ 进行标准化，得到矩阵 $\boldsymbol{R} = (r_{ij})_{m \times n}$。

（3）按照式（3-23）计算各评估指标的熵 $H_i$，然后按照式（2-24）计算熵权 $E_i$。

（4）对矩阵 $\boldsymbol{R}$ 和熵权 $E_i$ 进行综合，得到属性矩阵：

$$\boldsymbol{B} = \begin{pmatrix} b_{11} & \cdots & b_{1n} \\ \vdots & \ddots & \vdots \\ b_{m1} & \cdots & b_{mn} \end{pmatrix} = \begin{pmatrix} E_1 r_{11} & \cdots & E_1 r_{1n} \\ \vdots & \ddots & \vdots \\ E_m r_{m1} & \cdots & E_m r_{mn} \end{pmatrix} \qquad (3-25)$$

（5）求理想点：$P^* = (p_1^*, p_2^*, \cdots, p_m^*)^{\mathrm{T}}$，$p_i^* = \max\limits_{j} \{ b_{ij} | j = 1,2,\cdots,n; i = 1,2,\cdots,m \}$。

（6）计算被评估对象到理想点 $P^*$ 的距离：

$$d_j^* = \sqrt{\sum_{i=1}^{m} (b_{ij} - p_i^*)^2} \qquad j = 1,2,\cdots,n \qquad (3-26)$$

（7）根据计算的 $d_j^*$ 值对各被评方案排序，低值为先，从而选出最优的

方案[23]。

### 4. 模糊综合评估法

模糊综合评估可以用来对人、事、物进行全面、正确而又定量的评估,因此它是提高领导者决策能力和管理水平的一种有效方法[24]。它是应用模糊变换原理和最大隶属度原则,考虑与被评估事物相关的各种因素,对其做出全面评估的一种十分有效的多目标决策方法。例如,评估者从考虑问题的诸因素出发,参照有关的数据和情况,根据他们的判断对复杂问题做出如同"大、中、小""高、中、低""好、较好、一般、较差、差"等程度的模糊评估。然后通过模糊数学提供的方法进行运算,就能得到定量的综合评估结果,从而为正确决策提供依据[25]。

针对模糊综合评估法,在第 5 章有专门介绍,这里不做详述。

### 5. 人工神经网络法

人工神经网络(Artificial Neural Network)理论是 20 世纪 80 年代中后期迅速发展起来的一个前沿研究领域,目前已有几十种不同的模型,应用较多的是 Hopfield 网络、BP 神经网络、Kohonen 网络和 ART(自适应共振理论)网络。其中 BP(Back Propagation,反向传播)神经网络,它是一种应用最广泛的网络[26]。典型的 BP 神经网络结构如图 3-3 所示。

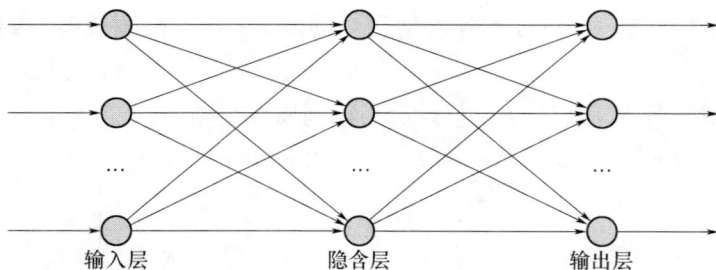

图 3-3　BP 神经网络结构

BP 算法实质是求误差函数的最小值问题,设有一个 $m$ 层的神经网络,每层有 $n$ 个神经元,在输入层加有样本 $X$,设第 $k$ 层的神经元的输入总和表示为 $U_i^k$,输出为 $X_i^k$;从第 $k-1$ 层的第 $j$ 个神经元的权系数为 $W_{ij}$,各个神经元的激发函数为(一般取非线性连续函数,Sigmoid 函数)

$$f(x) = \frac{1}{1 + \exp(-x)} \tag{3-27}$$

定义误差函数 $e$。取期望输出和实际输出之差的平方和为误差函数,则有

$$e = \frac{1}{2} \sum_i (X_i^m - Y_i)^2 \tag{3-28}$$

式中: $Y_i$ 为输出单元的期望值; $X_i^m$ 为实际输出。

该算法的计算步骤如下:

(1) 对权系数置初值,对各层的权系数 $W_{ij}$ 置一个较小的非零随机数,其中 $W_{i(n+1)} = -\theta, (\theta$ 表示阈值)。

(2) 输入一个样本:

$$\boldsymbol{X} = (X_1, X_2, \cdots, X_n)$$

以及对应的期望输出:

$$\boldsymbol{Y} = (Y_1, Y_2, \cdots, Y_n)$$

(3) 计算各层的输出,对于第 $k$ 层第 $i$ 个神经元的输出 $X_i^k$,有

$$U_i^k = \sum_j W_{ij} X_j^{k-1} \tag{3-29}$$

$$X_i^k = f(U_i^k) \tag{3-30}$$

其中

$$X_{n+1}^{k-1} = 1, W_{i(n+1)} = -\theta$$

(4) 求各层的学习误差 $d_i^k$,对于输出层 $k = m$,有

$$d_i^m = X_i^m (1 - X_i^m)(X_i^m - Y_i) \tag{3-31}$$

对于其他各层,有

$$d_{i_i}^k = X_i^k (1 - X_i^k) \sum_j W_{ij} d_i^{k+1} \tag{3-32}$$

(5) 修正权系数 $W_{ij}$ 和阈值 $\theta$:

$$W_{ij}(t+1) = W_{ij}(t) - \eta d_i^k X_j^{k-1} \tag{3-33}$$

$$W_{ij}(t+1) = W_{ij}(t) - \eta d_i^k X_j^{k-1} + \alpha \Delta W_{ij}(t) \tag{3-34}$$

$$\Delta W_{ij}(t) = -\eta d_i^k X_j^{k-1} + \alpha \Delta W_{ij}(t-1) = W_{ij}(t) - W_{ij}(t-1) \tag{3-35}$$

式中: $\eta$ 为学习数率,即步长, $\eta = 0.1 \sim 0.4$; $\alpha$ 为权函数修正常数, $\alpha = 0.7 \sim 0.9$。

(6) 当求出各层各权系数之后,可给定指标判别是否满足要求。如果满足,则算法结束;如果未满足要求,则返回步骤(3)继续执行[27]。

### 6. 灰色关联法

灰色系统理论是邓聚龙教授1982年提出的,该理论是研究"小数据""贫信息"不确定问题的新方法,从20世纪80年代后期开始逐步发展成为一类解决不确定性决策问题的分析方法,国外也将灰色关联理论广泛应用于工业领域。

灰色关联分析的基本思想是对系统数据序列几何关系和曲线几何形状的相似程度进行比较分析,以曲线间相似程度大小作为关联程度的衡量尺度。曲线越相似,相应序列之间的关联度越大,反之则越小[28-30]。其运算过程如下:

1) 原始数据预处理

对原始数据进行灰色关联分析之前需要进行数据预处理,消除量纲并变换为可比较的数据数列预处理。

2) 关联系数

设系统行为序列为

$$
\begin{cases}
X_0 = (x_0(1), x_0(2), \cdots, x_0(n)) \\
X_1 = (x_1(1), x_1(2), \cdots, x_1(n)) \\
\quad\quad\quad \vdots \\
X_m = (x_m(1), x_m(2), \cdots, x_m(n))
\end{cases}
$$

对于 $\xi \in (0,1)$,

$$
\gamma(x_0(k), x_i(k)) = \frac{\min\limits_{i} \min\limits_{k} |x_0(k) - x_i(k)| + \xi \max\limits_{i} \max\limits_{k} |x_0(k) - x_i(k)|}{|x_0(k) - x_i(k)| + \xi \max\limits_{i} \max\limits_{k} |x_0(k) - x_i(k)|}
$$

$$(3-36)$$

称为 $\gamma(x_0(k), x_i(k))$ 在 $k$ 点的相对关联系数。

$|x_0(k) - x_i(k)|$ 记为 $\Delta_i(k)$ 为第 $k$ 点 $(x_0(k), x_i(k))$ 的绝对差,$\min\limits_{i} \min\limits_{k}$ $|x_0(k) - x_i(k)|$ 为两级最小差。$\min\limits_{k} |x_0(k) - x_i(k)|$ 为第一级最小差,表示 $x_i(k)$ 各点与 $x_0(k)$ 的最小差。$\max\limits_{i} \max\limits_{k} |x_0(k) - x_i(k)|$ 为两级最大差。

其中,$\xi$ 为分辨系数,用来提高关联系数之间的差异性。$\xi \in \left[\frac{1}{2(e-1)}, \frac{1}{2}\right]$ 时,具有最大的信息量和最大分辨率,一般取 $\xi = 0.5$ 为宜[31]。

3) 灰色关联

系统行为序列为 $X_0, X_1, \cdots, X_m$,设 $X_0 = (x_0(1), x_0(2), \cdots, x_0(n))$ 为系统特征

序列(理想序列),且 $X_0, X_1, \cdots, X_m$ 为相关因素序列,则 $X_i$ 与 $X_0$ 的灰色关联可以表示为

$$\gamma(X_0, X_i) = \frac{1}{n}\sum_{k=1}^{n}\gamma(x_0(k), x_i(k)) \qquad (3-37)$$

前提条件为 $\gamma(X_0, X_i)$ 满足灰色关联四公理[32]。

4)结果分析

结果分析中主要关心的是系统特征行为序列与各相关因素行为序列关联度的大小次序,而不完全是关联度在数值上的大小。根据关联度的大小次序,可以对各因素在系统中的地位做出判断。

前面简要地介绍了主成分分析法、人工神经网络、层次分析法、熵权评估法和模糊综合评估法等几种方法,这几种方法都有各自的特点。

(1)主成分分析的实质在于其分析计算过程中完成了以下三方面的工作,即消除了原始变量间的相关影响、确定了综合评估时所需的权重、减少了综合评估的指标维数,这些都是它的优点。但是,由于同一被评估对象在不同样本集合体中的均值和离散程度是变化的,因而协方差矩阵也是变化的,由此计算的主成分与方差贡献率是不同的,所以综合评估的结果是变化的,因此主成分分析方法一般适用于一次性评估,不便于横向和纵向比较,不利于统计资料的累积。其次,主成分分析法中的权重是纯粹由各评估指标样本自身的相关关系和变异程度确定的客观权重,而忽视了指标本身对于人的相对重要程度,因此在实际操作中得出的评估结果往往与实际情况存在偏差。

(2)由上面介绍的人工神经网络法的特点可以知道,人工神经网络法运算量较大,学习收敛速度很慢,即便一个比较简单的问题,也需要几百次乃至数千次的学习才能收敛。而且,神经网络的学习、记忆具有不稳定性,不同的训练样本得到的结果也不相同。

(3)层次分析法在处理一个由相互联系、相互制约的众多因素构成的复杂而又往往缺乏定量数据的系统时,显示出其特有的优越性。目前,它已经在复杂系统中各权重系数的确定、方案的优化选择中得到较多的运用。但是,层次分析法在构造判断矩阵时受专家的主观影响太大,导致最终评估结果不符合实际。所以层次分析法通常只用于评估指标主观权重的确定,它往往与别的客观评估方法进行综合。

（4）熵权评估法根据指标数值的差异程度来确定指标的权重系数，具有一定的客观性，却忽略了人的主观因素，其评估结果往往带有片面性。所以，熵权评估法通常都是和别的主观评估方法结合起来进行。显然，熵权评估法和层次分析法刚好互补，它们通常结合起来使用，这样得到的评估结果既满足主观要求，又符合客观实际。

（5）模糊综合评估法适用于信息比较模糊的问题，由于该方法能够考虑评估问题中的模糊因素，在众多的领域都得到了广泛的应用，并且也取得了满意的结果。模糊综合评估法中关于指标权重的确定并没有限制，可以根据需要选择一种合适的权重确定方法。

（6）灰色关联采用多种方案并行进行评估，目前评估领域在应用灰色关联分析时一般只是对理想序列进行关联，然后根据灰色关联进行排序；并没有考虑各方案与理想序列的关联情况，即可能存在某一方案同时接近理想序列和负理想序列；在同时考虑与负理想序列进行关联的情况下如何解决排序问题也需要合理解决[33]。

## 3.2 装备使用阶段质量评估过程与思路

装备质量是通过装备在部队使用阶段所经历的一系列活动体现出来的。装备质量评估就是基于这些任务或活动所产生的信息，按预期的评估目标构建评估指标体系，选择适当的评估方法，实现对装备质量的综合评估，并对评估结果及各项指标进行具体分析，达到完全认识、全面掌握装备质量总体水平及其发展趋势的要求，为改进装备质量管理、提高装备质量水平提供科学依据[34]。

部队装备使用质量评估框架如图 3 – 4 所示。

（1）评估规划。主要完成：评估目的和任务的规划与分解；评估指标体系的构建；评估方法的选择；指标评估标准的制定。

（2）评估求解。主要完成：收集装备使用过程中所产生的装备质量信息，对综合质量特性和单项质量特性的指标进行分析与估算，给出评估结果。

（3）结果分析。主要完成：评估装备质量水平是否满足装备作战使用要求的同时，找出装备质量设计的薄弱环节，并给出相应的解决措施。

结合图 3 – 4 所示的装备使用质量评估框架，可知装备使用质量评估的基本过程如图 3 – 5 所示。

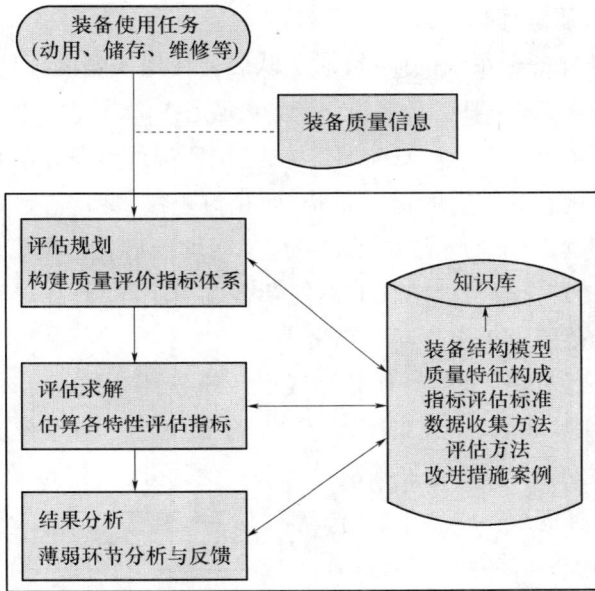

图 3－4　装备使用质量评估框架

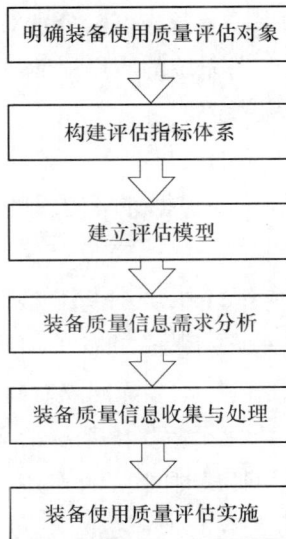

图 3－5　装备质量评估的基本过程

**1. 明确装备质量评估对象**

装备质量是装备全系统的质量,对部队装备使用质量的评估,必须同装备作战单元相互关联,从一般意义上讲,作战单元是指部队建制中可以执行作战和训练任务的军事单位。针对研究的目标,这里所提的装备作战单元是指作战单元中的武器系统及其相应的保障系统,而且对于保障系统,目前主要考虑其中的维修保障问题,以下的作战单元如不加说明均特指装备作战单元。作战单元是有层次的,随着作战与训练任务的复杂程度的不同,作战单元的层次及其所涉及的内容和范围也相应的发生变化。

对应于战略性任务、战役性任务和战术性任务,作战单元指的分别是相应任务涉及到的全军、战区、作战集团,以致师、旅或更小军事单位所辖范围内的武器系统及其相关的保障。按照作战单元层次的划分,当其划分到能够独立执行作战或训练任务的最小军事单位时,就称为基本作战单元。

因此,在明确装备质量评估对象时首先要考虑装备作战单元的层次性。在明确作战单元层次的基础上,对于某一型号装备而言,其质量评估对象可以是该型号武器装备系统,也可以是该型号武器装备直接执行各种军事任务的装备单机,包括主战装备和配套的保障装备。可以分别对主战装备和保障装备的质量进行评估,从而实现对武器装备系统的质量评估。

**2. 构建装备质量评估指标体系**

构建装备质量评估指标体系的关键是各装备质量特性评估参数的选取问题。装备质量评估参数的选取主要根据评估的目的、评估的时机,以及装备自身的特点来定。

如果要从顶层评估装备质量,可以选择综合性参数,如反映装备完好性的装备完好率、使用可用度。如果评定装备的各单项质量水平,可以选取单项质量参数,如反映装备可靠性水平的平均故障间隔时间(MTBF),反映维修性水平的平均修复时间(MTTR)。如果要了解保障系统的运行和匹配情况,可以选取保障系统及其资源参数,如平均延误时间、备件利用率、备件满足率。

不同的评估时机,评估的参数的选择也是不同的。对使用阶段的部署过程,可以选择部署性参数评估装备的部署性;对装备的动用过程,既可以评估综合参数,也可评估单项参数,而对于维修过程,则重点评估装备的维修性参数。

不同特点的装备,选取的参数也有所不同。就可靠性参数而言,对于不可修复的一次性使用产品,通常选取任务成功概率;对于可修复的产品,则选取平均故障间隔时间等参数;对于长期储存、一次性使用的装备(弹药、导弹等),常用储存寿命或存储可靠度。

**3. 建立评估指标的评估模型**

对于选取的质量特性评估参数,需研究参数的评估方法,构建指标的评估模型。装备使用质量评估模型通常指的是用于计算装备质量参数的框图模型、数学模型或工程估算模型。

由于评估对象可以是装备系统、单个装备、子系统、装置、零部件,不同层次对象的评估方法也有所不同。

当评估对象是较低层次时,可以直接运用评估参数的工程估算模型进行评估。例如,某装备子系统的平均故障间隔时间($\mathrm{MTBF}$,$T_{\mathrm{BF}}$)的度量为:在规定的条件下和规定的时间内,产品的寿命单位总数与故障总次数之比,即

$$T_{\mathrm{BF}} = \frac{寿命单位总数}{总故障次数}$$

当评估对象属于较高层次时,许多参数通常不能直接运用评估参数的工程估算模型进行评估,而是通过其各构成单元的参数推算得出。评估某型号装备系统的质量,可按照装备系统的组成层次关系,建立逐层累计评估模型。

**4. 装备质量信息需求分析与获取**

信息需求分析也称为数据需求分析,是对所要获取质量数据的目的进行分析的过程,需求分析要求回答质量数据收集的对象是什么,如何得到数据,数据得到后干什么用,如何分析利用数据等一系列的问题,从而确定数据收集的内容、收集方法。数据需求分析的关键是确定数据收集的内容,而数据收集核心内容的确定主要根据构建的装备使用质量评估模型,通过评估模型分析得出需要收集哪些数据,才能支持对应质量参数的估算。

**5. 装备质量信息的收集与处理**

1)数据收集方案的确定

质量数据收集方案是从总体上对质量数据收集与分析工作的概要性说明和总体规划。其内容包括确定数据收集内容、数据收集点的选择、选择数据收集方式及方法、制定数据收集表格等。

在进行数据收集以前必须进行需求分析,明确数据收集的内容。一般需要

考虑的问题包括任务、使用条件、对象是整机还是分系统、主要收集的数据内容、要求的详细程度和精确度。

根据需求分析应选择重点装备和地区作为数据收集点,考虑到同一装备在不同的条件下使用,其使用与维修数据的差异可能会很大,因此选择的数据收集点应具有一定的代表性。

数据的收集可采用以下两种方式:一是控制型收集方式,即派专人下到现场收集,按预先制定好的计划详细地记录要求的使用与维修数据,多由专职技术人员完成,该方式下收集到的数据比较完整、准确、适当;二是非控制型收集方式,即在使用现场聘请有关人员,按所要求收集的内容逐项填写事先制定好的表格,定期反馈,其优点是对收集人员的专业水平要求不高,经济性好。

无论采取哪一种数据收集方式,关键是要求采用恰当的方法并设计合理的数据收集表格,以保证数据收集的质量。

2)质量数据的处理

这里对数据的处理主要是指发现并剔除数据收集过程中产生的病态数据,或者说是异常数据。由于种种原因,从部队使用中采集的数据不可避免地包含错误和失真的情况,就是所谓的"病态数据"。病态数据的表现形式为数据的不完整、不适用、不好用、假数据。出现病态数据的原因可能是思想上、工作作风上、制度上或者是具体技术上的。因此,采集到的原始数据是不能直接应用的,这就需要采用适当的方法来检测、发现、鉴别和处理病态数据,以确保数据的真实性和可信性。病态数据的产生是有其客观规律的,很多学者和科研单位对病态数据理论和控制方法进行了比较系统的研究,并开发了有关的检测工具,可以有效地发现并剔除数据收集过程中产生的病态数据。

**6. 装备质量评估实施**

经过数据试收集不断地完善数据收集方案,当收集方案趋于成熟和稳定后,根据实际情况,按方案中拟定的数据收集点、数据收集方式和方法、数据收集内容及表格,展开装备质量数据收集的具体实施。在数据收集工作结束之后,进行必要的数据整理工作,就可以进行装备质量的评估,按照先前选取的建立装备质量参数,利用建立的相应评估模型,在收集数据的支持下,逐一估算评估要求的质量参数,评定装备质量水平等级。

# 第4章　典型装备使用阶段通用质量评估指标体系的建立

评估指标的选取和评估指标体系的确立是开展装备质量评估的基础，是装备质量评估的重要环节，它直接关系到评估结果的准确性与合理性。只有建立科学合理、严密完整的评估指标体系，才能准确评估某型火箭炮使用阶段通用质量情况，形成快速有效反馈，进而提高某型火箭炮使用质量的目标。

本章结合部队使用实际，采用专家打分法结合使用单位人员意见，构建火箭炮使用阶段通用质量评估指标体系，并对得到的指标体系进行验证。

## 4.1　火箭炮武器系统概述

某型火箭炮武器系统(以下简称某型火箭炮)是用于发射简易控制火箭弹或无控火箭弹，打击敌战役(战术)纵深内的各种集群目标和面积目标。该武器系统配备有现代化的通信设备及先进的火控计算机和定位定向系统，具有射程远、威力大、精度高、机动性好的特点。火箭炮可实现火箭弹的齐射、成组发射及单发发射，并能实现带弹运输。火箭炮发射部分安装在改装后的某型底盘车上，与配套的弹药装填车配合，可以实现快速装填火箭弹。

某型火箭炮由作战装备和配套装备两大部分组成。直接用于作战的装备包括：发射车、指挥车以及炮弹。保障装备包括：装填车、弹药运输车、机电维修车、电子维修车、气象车、测地车组成。某型火箭炮以营作为基本作战单元，该作战单元的装备构成如图4-1所示。

其中的发射系统主要作用是根据搜索指挥车提供的指示，自动跟踪目标，并适时发射导弹。发射车的系统构成是由定向器束、起落架、瞄准装置、回转

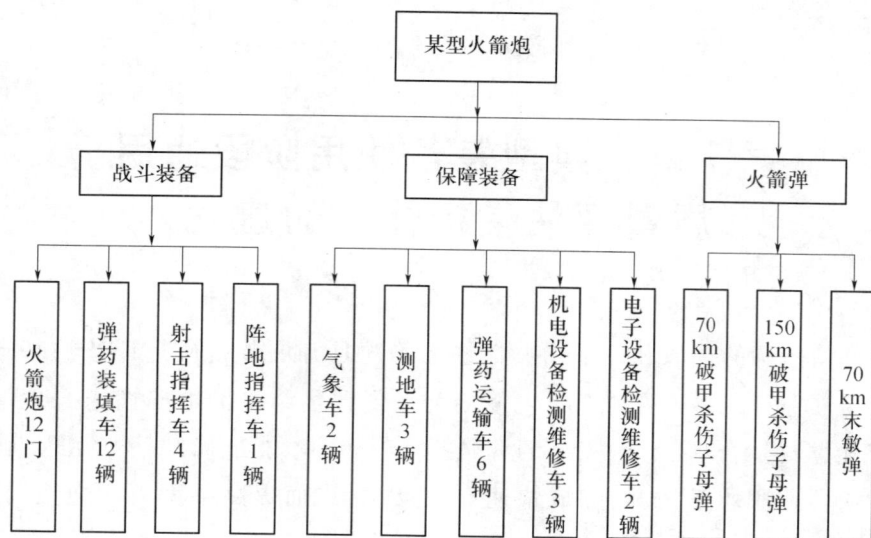

图 4-1 某型火箭炮装备构成

机、高低平衡机、方向机、操瞄平台、仪器舱、底架、安装架、取力器、行军固定器、千斤顶、底架固定器、挡泥板、气动系统、液压随动系统、电器系统、工具箱、天线翻倒机构、火控系统等部分组成。其他的作战装备和保障装备的构成这里不再详述。

　　某型火箭炮以营套为单位列装部队后,每个营分为 3 个炮连与 1 个指挥连,每个炮连配备 4 门火箭炮、4 台装填车、1 台连指挥车,指挥连配备营指挥车、阵地指挥车、气象车和测地车,营部和技术室则配备机电设备检测维修车、电子设备检测维修车和弹药运输车。炮连和指挥连属于战斗分队,主要承担作战训练任务。技术室属于保障分队,技术室专业技术岗位编制 24 人(干部 3 人,士官 11 人,义务兵 4 人,弹药运输车驾驶员 6 人),主要承担基层级维修保障任务。

　　某型火箭炮装备部队几年来,参与并完成了多次野外驻训、实弹射击等任务,战斗分队的训练水平和装备熟悉程度均有很大提高,保障分队已基本具备完成基层级维修任务和部分中继级维修任务的能力。

　　根据评估目的需要,把某型火箭炮武器系统分为三部分,如图 4-2 所示。

图 4 - 2 某型火箭炮武器系统结构图

## 4.2 某型火箭炮使用阶段通用质量评估指标体系的构建

建立指标体系是一项基础且重要的工作,评估指标体系建立的科学、合理,才能得出客观、公正的评估结果。在选取与舍弃指标时应该遵循一定的原则,不能主观臆断,同时科学的选取方法是建立合理评估指标体系的保障[35]。

### 4.2.1 评估指标选取原则

指标体系应该全面反映评估对象的主要方面,它的结构取决于决策目的、决策方案的性质等。指标体系越全面,决策的结果就越客观、越合理,但指标太多会增加评估的复杂程度和难度,给建立评估模型带来更多的约束,尤其是数据的计算量将以指数形式增长。因此确定评估指标体系并非评估指标越多越好,指标的选取关键在于指标在评估中所起作用的大小[36]。

R. L. Keeney 和 H. Raiff[37]指出描述一个多准则决策问题时,指标体系应该满足五条基本性质如表 4 - 1 所列。

表 4 - 1 指标体系基本性质

| 性质 | 含 义 |
| --- | --- |
| 完整性 | 指标体系应表征决策要求的所有重要方面 |
| 可运算性 | 指标能有效地应用到随后的计算中去 |
| 可分解性 | 可将决策问题分解,以简化评估过程 |
| 无冗余性 | 希望不重复考虑决策问题的某一方面 |
| 极小性 | 不可能用其他元素更少的指标体系来描述同一问题 |

在上述理想条件的基础上,某型火箭炮使用阶段质量评估指标体系的选取

可以遵循以下原则。

1）系统性原则

评估指标体系应能全面地反映被评估对象的综合情况,从中抓住主要因素,既能反映直接结果,又能反映间接结果,以保证综合评估的全面性和可信度。

2）简明性原则

在基本能满足评估要求和给定保障任务需求的情况下,应尽量用较少的关键指标来评估装备质量的不同网络配置方案或者某一装备的质量水平。特别是要能够反映并突出装备在使用过程中存在的问题。

3）可测性原则

评估指标体系要能够测量,无论是定性指标还是定量指标,在评估方法中都要以数量的形式进行表示,要易于数据的收集。

4）客观性原则

多数指标体系带有较强的主观因素,是凭借经验或在借鉴别人成果基础上确立的,虽然可以通过一定的数学方法对指标进行筛选,但主观因素还是很明显。这就要求评估者在确定指标体系时要客观、公正,应尽量避免加入个人的主观意愿。

5）完备性原则

虽然指标体系简洁明了可以增强指标体系的可操作性,但同时也要保证指标体系的完备性,不能出现漏选。选取评估指标要进行仔细权衡,既要简洁又要完备。同时注意定量指标与定性指标相结合。

6）独立性原则

指标体系中的各指标应尽可能的独立,减少指标内涵的重叠度,这样在确定指标权重时,可以在不考虑或少考虑指标重叠造成影响的情况下得到较切合实际的权重。

7）针对性原则

评估指标要面向不同的武器装备,对不同的武器装备采用不同的评估指标。

8）一致性原则

各个指标应与分析的目标相一致,所分析的指标间不相互矛盾[38]。

参照前面给出的装备质量特性构成及评估指标体系的构建原则,结合 2.3 节所述装备质量特性,以装备综合性能指标为分析重点,首先把某型火箭炮按照图 4-3 分解为图 4-4 所示的四层结构。

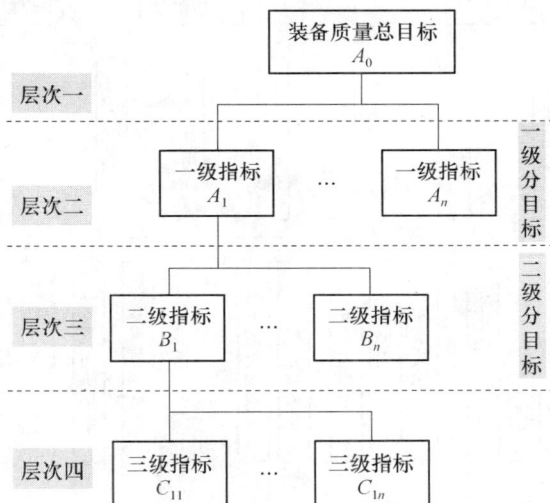

图 4-3　评估指标体系层次结构

图 4-4 所示的底层指标参数含义如下。

**1. 综合通用质量参数**

1) 装备完好率(Materiel Readiness Rate,MRR)

装备完好率是指武器装备能随时遂行作战任务的完好数与实有数之比,通常用百分数表示。主要用来衡量武器装备的技术状况和管理水平,反映武器装备对作战、训练、执勤的可能保障程度。装备完好率是一个随机的动态变量,根据考察时间区间的长短,通常可分为日完好率、周完好率、月完好率等。

然而对于某型火箭炮而言,无论是作战单元(某型火箭炮营)还是单装,其装备数量不多,进行装备完好率的估算不具有统计意义,为此建议采用装备完好时间比率来反映装备完好率。装备完好时间比率是指装备在规定时间内,处于完好状态的时间与日历时间的比值。对于单一装备(简称单装)而言,装备处于完好状态的时间可通过统计装备处于故障状态的时间间接获取,装备总日历时间按每年 365 天计。而对于某型火箭炮营基本作战单元来说,其装备完好率可利用单装的完好率估算得到。

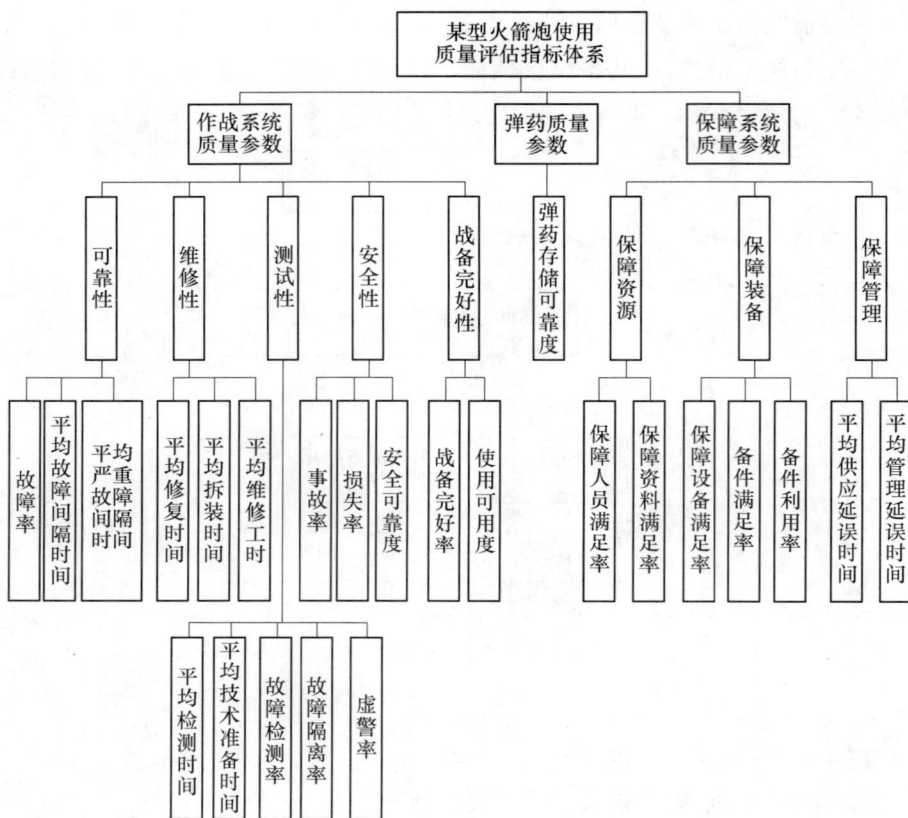

图 4-4　某型火箭炮使用通用质量评估指标体系

　　首先,明确某型火箭炮营作战单元的装备组成情况,分别估算各单装的完好率 $h_i$,如表 4-2 所列。

表 4-2　某型火箭炮营装备构成

| 装备组成 | 作战装备 | | 保障装备 | | | | | |
|---|---|---|---|---|---|---|---|---|
| 装备名称 | 火箭炮 | 指挥车 | 测地车 | 弹药运输车 | 装填车 | 气象车 | 机电设备检测维修车 | 电子设备检测维修车 |
| 单装完好率 $h_i$ | | | | | | | | |
| 权重 $w_i$ | | | | | | | | |

某型火箭炮营基本作战单元的完好率为

$$H = \sum h_i \cdot w_i ( \sum w_i = 1 )$$

式中:$w_i$ 为单装对作战单元完成任务重要程度,$w_i$ 可通过部队调研及专家打分的方法确定。

2) 任务成功概率

任务成功概率是指在规定的条件下和规定的任务剖面内,武器装备能完成规定任务的概率。由于某型火箭炮年动用/使用任务执行情况历时较短,考虑到装备每年执行任务的不可复现性,故该评估参数的评估缺乏实际数据的支持。

**2. 可靠性参数**

1) 平均故障间隔时间( MTBF, $T_{BF}$ )

平均故障间隔时间:是可修复产品的一种基本可靠性参数,反应故障发生的频数,即平均多长时间发生一次故障。其度量为:在规定的条件下和规定的时间内,产品的寿命单位总数与故障总次数之比。这里的寿命单位总数,是指在规定的时间内,装备的工作时间,如某型火箭炮主战装备上装部分以小时统计工作时间,下装部分以行使里程统计工作时间。

2) 平均维修间隔时间( MTBM, $T_{BM}$ )

平均维修间隔时间:与维修策略有关的一种可靠性参数,装备需要维修的频率,即平均多长时间下达一次维修任务。其度量为:在规定的条件下和规定的时间内,产品寿命单位总数与该产品计划维修和非计划维修事件总数之比。

3) 平均严重故障间隔时间( MTBCF )

平均严重故障间隔时间:与任务有关的一种可靠性参数。其度量方法为:在规定的一系列任务剖面中,产品任务总时间与严重故障总数之比,过去称为致命性故障间的任务时间。在实际估算时,问题的关键是应明确严重故障的判断准则,对于某型火箭炮而言,严重故障是指任务期间,如果不及时排除,将直接影响任务完成的那些故障。

**3. 维修性参数**

1) 平均修复时间( MTTR, $M_{ct}$ )

平均修复时间:维修性的基本参数,在规定的条件下和规定的期间内,产品在任一规定的维修级别上,修复性维修总时间与在该级别上被修复产品的故障总数之比。该参数反应维修过程难易、繁琐程度,是维修分队重点关心的质量参数。

2）平均维修工时

平均维修工时:与维修人力有关的一种维修性参数。其度量方法为:在规定的条件下和规定的时间内,装备的直接维修工时总数与该装备预防性和修复性维修事件总数之比。该参数反应了装备维修工作量对维修人力需求的情况。

### 4. 测试性参数

1）平均故障诊断时间

平均故障诊断时间:从开始故障检测,到完成故障隔离所经过的平均时间,该参数反映了故障定位与隔离的难度。

2）虚警率(FAR)

虚警率:在规定的条件下和规定的工作时间内,发生的虚警数与同一时间内故障指示总数之比,用百分数表示,该参数适用于电子设备测试性的评估。

### 5. 保障系统通用质量参数

1）保障任务完成率

保障任务完成率:特定维修级别的保障系统,在规定时间内完成的保障任务数量与下达的保障任务总数之比。

2）平均供应延误时间(Mean Logistics Delay Time,MLDT)

平均供应延误时间:保障资源延误时间的平均值。其度量方法为:在规定的期间内,保障资源延误总时间与保障事件总数之比。平均供应延误时间反映了保障系统由于备件、设备、人员、供应等原因的用户等待的时间。

3）平均管理延误时间(Mean Administrative Delay Time,MADT)

平均管理延误时间:管理延误时间的平均值。其度量方法为:在规定的期间内,管理延误总时间与保障事件总数之比。

4）保障资料满足率

保障资料满足率:在规定的维修级别上和规定的期间内,能够提供使用的保障资料数量与需要该级别提供的保障资料总数之比。

5）保障人员满足率

保障人员满足率:在规定的维修级别上和规定的期间内,能够提供使用的保障人员数量与需要该级别提供的保障人员总数之比。

6）保障设备满足率

保障设备满足率:在规定的维修级别上和规定的期间内,能够提供使用的保障设备数与需要该级别提供的保障设备总数之比。

7）备件满足率

备件满足率:在规定的维修级别上和规定的期间内,能够提供使用的备件数与需要该级别提供的备件总数之比。

8）备件利用率

备件利用率:在规定的维修级别上和规定的期间内,实际使用的备件数与该级别实际拥有的备件总数之比。

**6. 弹药质量参数**

存储可靠度:在规定的储存条件和时间内,产品保持规定功能的概率。该参数主要用来评估使用时间短,长期处于存储状态的装备。

需要说明的是,上面给出的是一个针对某型火箭炮通用的评估指标体系,实际评估时,应根据具体的评估对象从图 4 - 4 的指标中进行选取。通用质量评估指标对应的评估对象具有层次性,可以是作战单元(某型火箭炮营)、单个装备(发射车、指挥车)、分系统(发射控制系统)。对于不同层次的评估对象,不同的用户所关心的质量特性是不同的,而对于同一层次评估对象因其结构、使用特点、对任务的影响等因素的不同,评估指标的选取也会有所不同[39]。

## 4.2.2　某型火箭炮使用阶段通用质量评估指标体系的建立

根据评估指标选取原则和方法,建立某型火箭炮使用阶段通用质量评估指标体系的实际操作过程可以分为四个环节,即建立预选指标集、向专家咨询意见、使用人员意见处理、指标体系生成。

**1. 建立预选指标集**

结合图4-4,选取最底层的24个指标,即作战系统质量参数中的故障率、平均故障间隔时间、平均严重故障间隔时间、平均修复时间、平均拆装时间、平均维修工时、平均检测时间、平均技术准备时间、故障检测率、故障隔离率、虚警率、事故率、损失率、安全可靠度、战备完好率、使用可用度;弹药存储可靠度;保障系统质量参数中的保障人员满足率、保障资料满足率、保障设备满足率、备件满足率、备件利用率、平均供应延误时间、平均管理延误时间作为某型火箭炮使用阶段通用质量评估的预选指标。

在装备质量评估指标体系确定研究方面已经取得的经验和成果的基础上,结合某型火箭炮装备的特殊性,本书采用专家咨询的方法,广泛征求专家意见,根据专家对所提供通用质量预选指标的重要性打分(见附录),考察专家的意见集中度和意见协调度,根据二者的指标值对预选指标集指标进行筛选。通过这一方法建立某型火箭炮使用阶段通用质量评估指标预选体系。

假设 $x_{ij}$ 表示第 $i$ 个专家对第 $j$ 个指标的打分,现共有 $n$ 个专家,$m$ 个指标。各项指标得分的平均数 $M_j$ 和标准差 $S_j$:

$$M_j = \frac{1}{n} \sum_{i=1}^{n} x_{ij} \qquad i = 1, 2, \cdots, n; j = 1, 2, \cdots, m \qquad (4-1)$$

$$S_j = \sqrt{\frac{1}{n} \sum_{i=1}^{n} (x_{ij} - M_j)^2} \qquad i = 1, 2, \cdots, n; j = 1, 2, \cdots, m \qquad (4-2)$$

变异系数公式为

$$V_j = \frac{S_j}{M_j} \qquad (4-3)$$

式中:$M_j$ 为专家意见集中度,$M_j$ 越大,$j$ 指标的专家意见集中程度越高;$V_j$ 为专家意见协调度,$V_j$ 越小,$j$ 指标的专家意见协调程度越高。

**2. 向专家咨询意见**

针对所选取的24个底层基础指标,制作一份专家咨询表,向专家咨询关于某型火箭炮使用阶段通用质量评估的指标选取情况,如表4-3所列。

## 表 4 - 3　预选评估指标问卷调查表

| 一级指标 | 二级指标 | 三级指标 | 分数/分 | | | | |
|---|---|---|---|---|---|---|---|
| | | | 专家 1 | 专家 2 | 专家 3 | 专家 4 | 专家 5 |
| 作战装备质量参数 | 可靠性 | 故障率 | 5 | 5 | 3 | 5 | 2 |
| | | 平均故障间隔时间 | 5 | 5 | 5 | 5 | 5 |
| | | 平均严重故障间隔时间 | 5 | 5 | 5 | 5 | 5 |
| | 维修性 | 平均修复时间 | 5 | 5 | 5 | 5 | 5 |
| | | 平均拆装时间 | 5 | 5 | 4 | 5 | 5 |
| | | 平均维修工时 | 5 | 5 | 4 | 5 | 3 |
| | 测试性 | 平均检测时间 | 5 | 4 | 5 | 5 | 5 |
| | | 平均技术准备时间 | 5 | 5 | 3 | 5 | 5 |
| | | 故障检测率 | 5 | 3 | 5 | 1 | 1 |
| | | 故障隔离率 | 2 | 4 | 3 | 5 | 3 |
| | | 虚警率 | 3 | 1 | 4 | 3 | 1 |
| | 安全性 | 事故概率 | 4 | 5 | 3 | 5 | 5 |
| | | 损失率 | 2 | 2 | 2 | 1 | 2 |
| | | 安全可靠度 | 3 | 4 | 4 | 4 | 5 |
| | 战备完好性 | 战备完好率 | 5 | 5 | 5 | 3 | 5 |
| | | 可用度 | 5 | 4 | 5 | 5 | 5 |
| 保障系统质量参数 | 保障资源 | 保障人员满足率 | 4 | 5 | 5 | 5 | 5 |
| | | 保障资料满足率 | 5 | 5 | 5 | 3 | 5 |
| | 保障装备 | 保障设备满足率 | 5 | 5 | 4 | 5 | 5 |
| | | 备件满足率 | 5 | 5 | 5 | 5 | 5 |
| | | 备件利用率 | 3 | 5 | 5 | 5 | 5 |
| | 保障管理 | 平均供应延误时间 | 5 | 4 | 5 | 5 | 4 |
| | | 平均管理延误时间 | 5 | 5 | 5 | 4 | 5 |
| 弹药质量参数 | | 弹药存储可靠度 | 5 | 5 | 5 | 5 | 5 |

注:专家打分值:5 表示很重要;4 表示重要;3 表示一般;2 表示不重要;1 表示很不重要

经过计算结果如表4-4所列。

表4-4 预选评估指标问卷调查计算结果

| 一级指标 | 二级指标 | 三级指标 | 计算结果 | |
|---|---|---|---|---|
| | | | $M_j$ | $V_j$ |
| 作战装备质量参数 | 可靠性 | 故障率 | 1.2500 | 0.1500 |
| | | 平均故障间隔时间 | 1.5625 | 0.5500 |
| | | 平均严重故障间隔时间 | 1.5625 | 0.5500 |
| | 维修性 | 平均修复时间 | 1.5625 | 0.5500 |
| | | 平均拆装时间 | 1.5000 | 0.5833 |
| | | 平均维修工时 | 1.3750 | 0.2955 |
| | 测试性 | 平均检测时间 | 1.5000 | 0.5833 |
| | | 平均技术准备时间 | 1.4375 | 0.6196 |
| | | 故障检测率 | 0.9375 | 0.0167 |
| | | 故障隔离率 | 1.0625 | 0.4559 |
| | | 虚警率 | 0.7500 | 0.0833 |
| | 安全性 | 事故率 | 1.3780 | 0.6591 |
| | | 损失率 | 0.5625 | 0.6389 |
| | | 安全可靠度 | 1.2500 | 0.7500 |
| | 战备完好性 | 战备完好率 | 1.4375 | 0.6196 |
| | | 使用可用度 | 1.5000 | 0.5833 |
| 保障系统质量参数 | 保障资源 | 保障人员满足率 | 3.4286 | 0.1146 |
| | | 保障资料满足率 | 3.4286 | 0.1146 |
| | 保障装备 | 保障设备满足率 | 3.4286 | 0.1146 |
| | | 备件满足率 | 3.5714 | 0.1000 |
| | | 备件利用率 | 3.2857 | 0.1304 |
| | 保障管理 | 平均供应延误时间 | 3.2857 | 0.0543 |
| | | 平均管理延误时间 | 3.4286 | 0.1146 |
| 弹药质量参数 | | 弹药存储可靠度 | 1 | 0 |

采用各指标所得分值的算术平均值表示专家的"意见集中度",用变异系数表示专家的"意见协调度"。表4-4中，$M_j$ 和 $V_j$ 是以作战装备系统、保障系统以及弹药三部分单独计算，所以筛选标准的具体数值也不同，弹药参数方面整

体满意,而作战装备系统以算术均值大于 1.35 且变异系数小于 0.6 为筛选标准,保障系统以算术均值大于 3 且变异系数小于 0.15 为筛选标准,结合专家的具体意见对指标框架及指标内涵进一步加以筛选和修正。

根据专家问卷调查的结果,由一致性检验方法,得到平均故障间隔时间、平均严重故障间隔时间、平均修复时间、平均拆装时间、平均维修工时、平均检测时间、平均技术准备时间、事故率、战备完好率、使用可用度、弹药存储可靠度、保障人员满足率、保障资料满足率、保障设备满足率、备件满足率、备件利用率、平均供应延误时间、平均管理延误时间 18 个指标作为初步评估指标。

**3. 使用人员意见数据处理**

通过与部队装备使用、维护、管理业务骨干和技术能手进行充分的交流与沟通,按影响作战单元任务完成重要程度由高到低,将单装分为一、二类装备。划分结果如表 4 - 5 所列。

表 4 - 5　单装任务度影响划分

| 任务影响重要程度类别 | 单 装 名 称 |
|---|---|
| 一类 | 发射车、指挥车、炮弹 |
| 二类 | 装填车、弹药运输车、气象车、电机检测修理车、电子检测修理车、测地车 |
| 划分准则:<br>一类:严重影响作战单元任务完成或导致任务失败的装备;<br>二类:一定程度上导致作战单元任务延迟,可能导致任务失败 | |

考虑到二类单装对作战单元任务完成影响较小,故对其组成的分系统质量特性不做评估,对一类单装,按分系统(装置)对单装任务完成影响重要程度,将各组成分系统(装置)划分为关键分系统和非关键分系统。

在对单装、分系统(装置)的任务影响重要程度划分的基础上,结合各层次评估对象的功能、结构、使用特点,充分听取了部队使用维护技术人员的意见(在分系统层次评估中建议仅对各单装的上装和下装部分进行评估,没有必要对各个分系统逐个评估),确定某型火箭炮不同层次的评估对象范围,针对筛选出的 18 个指标,再一次采取问卷调查的方法,把每个指标所对应的通用质量特性转化成部队使用需求的表现形式,针对部队使用单位,考虑到使用人员和管理人员的具体情况,将原选指标的筛选分为很重要、重要、一般、不重要四个等级。分发问卷调查使用阶段部队所关心的重点指标,问卷制作如表 4-6 所列。

表 4-6　使用单位对预选指标意见表

| 一级指标 | 二级指标 | 三级指标 | 指标意见 | | | |
|---|---|---|---|---|---|---|
| | | | 4 | 3 | 2 | 1 |
| 作战装备质量参数 $A_1$ | 可靠性 $B_1$ | 平均故障间隔时间 $C_{11}$ | 10 | | | |
| | | 平均严重故障间隔时间 $C_{12}$ | 10 | | | |
| | 维修性 $B_2$ | 平均修复时间 $C_{21}$ | 8 | 1 | 1 | |
| | | 平均拆装时间 $C_{22}$ | 9 | 1 | | |
| | | 平均维修工时 $C_{23}$ | 5 | 2 | 1 | 2 |
| | 测试性 $B_3$ | 平均检测时间 $C_{31}$ | 7 | 1 | 2 | |
| | | 平均技术准备时间 $C_{32}$ | 6 | 1 | 2 | 1 |
| | 安全性 $B_4$ | 事故率 $C_{41}$ | 7 | 3 | | |
| | 战备完好性 $B_5$ | 战备完好率 $C_{51}$ | 8 | 2 | | |
| | | 使用可用度 $C_{52}$ | 8 | 1 | 1 | |
| 保障系统质量参数 $A_2$ | 保障资源 $B_6$ | 保障人员满足率 $C_{61}$ | 8 | 2 | | |
| | | 保障资料满足率 $C_{62}$ | 7 | 2 | | 1 |
| | 保障装备 $B_7$ | 保障设备满足率 $C_{71}$ | 9 | | 1 | |
| | | 备件满足率 $C_{72}$ | 10 | | | |
| | | 备件利用率 $C_{73}$ | 7 | | 2 | 1 |
| | 保障管理 $B_8$ | 平均供应延误时间 $C_{81}$ | 9 | 1 | | |
| | | 平均管理延误时间 $C_{82}$ | 8 | 1 | 1 | |
| 弹药 $A_3$ | 弹药存储可靠度 $B_9$ | 弹药存储可靠度 $C_{91}$ | 9 | 1 | | |

注:指标意见:4 代表很重要,3 重要,2 一般,1 不重要(共 10 人参与调研)

### 4. 指标体系生成

通过对部队使用单位问卷调查所得的结果,再一次运用"意见集中度"和"意见协调度"对调查结果进行筛选,得到某型火箭炮使用阶段通用质量评估指标体系涵盖的指标包括平均故障间隔时间、平均严重故障间隔时间、平均修复时间、平均拆装时间、平均检测时间、平均技术准备时间、事故率、战备完好率、使用可用度、弹药存储可靠度、保障人员满足率、保障资料满足率、保障设备满足率、备件满足率、备件利用率、平均供应延误时间、平均管理延误时间 17 个指标,如图 4 - 5 所示。

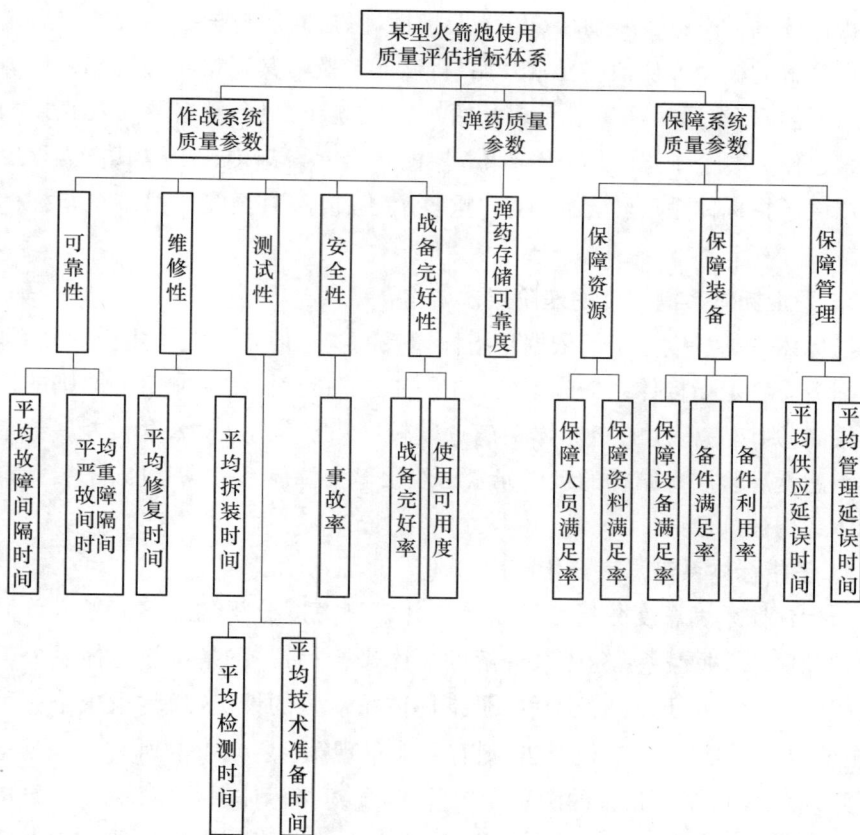

图 4 - 5　某型火箭炮使用阶段通用质量评估指标

## 4.3　指标体系满意度分析

进行指标体系的满意度分析,首先要建立指标体系满意度的递阶层次结构。由于指标体系一般都是多层次结构,直接对整个指标体系进行满意度分析难度较大,因此将整个指标体系分解为多个双层的子指标体系,对每个子指标体系建立其满意度递阶层次结构,通过对每个双层子指标体系分别进行满意度分析以确定构建的指标体系是否满意。具体来讲,基于灰色层次分析法(GAHP)的指标体系满意度分析思想主要包括以下四个方面[40 - 42]。

### 1. 指标体系的分解

指标体系的分解原则如下：以上层指标优先，同层指标以出现的先后来决定指标分解的顺序。从顶层元素开始，将该元素及与其直接相连的元素作为一个子指标体系；然后从第 2 层元素开始，以第 2 层的某个元素及与其直接相连的元素也作为一个子指标体系，对第 2 层的每个元素都构建了以其作为顶层元素的双层子指标体系后转至第 3 层，重复上述过程，直至完成对整个指标体系的分解。

### 2. 子指标体系满意度的递阶层次结构

指标体系满意度分析的依据是指标体系的构建原则。在构建指标体系前，通常都需要制定指标体系构建原则，如果构建的指标体系对制定的原则的符合程度较高，则认为构建的指标体系满意度较高；否则认为满意度较差。子指标体系满意度递阶层次结构的顶层元素为双层子指标体系的满意度，下层元素为指标体系构建的原则。

### 3. 子指标体系满意度分析顺序

子指标体系满意度分析牵涉子指标体系满意度分析的顺序问题。可以采用两种顺序：一种是按指标体系分解的顺序进行；另一种是按指标体系分解的相反顺序进行。对于复杂大型的、子指标体系众多的情况，通常采用第一种方法，主要原因：如果按第二种方法，则有可能出现第 $i$ 层以下的所有指标满意度都很好，而第 $i$ 层某个指标的满意度较差，需要对指标体系进行调整；如果按照第一种方法，从上到下进行满意度分析，不会造成分析工作的浪费。本书确定的评估指标体系层次结构相对清晰、简单，采用第二种方法。

### 4. 基于 GAHP 的指标体系满意度分析

利用 GAHP 来分析各个子指标体系的满意度时，如果某个子指标体系的满意度不符合要求，则不再继续进行其他子指标体系的满意度分析，此时需要对不符合要求的指标及其下层指标进行调整。调整完毕后，重新对每个子指标体系进行满意度分析，直至所有的子指标体系满意度都符合要求，则整个指标体系的满意度符合要求。

建立了某型火箭炮使用阶段通用质量评估指标体系，在指标体系投入实践应用前应进行满意度分析对指标体系进行初步检验，达标后再投入使用，否则进行修改。检验过程如下。

**1. 评估指标体系分解**

根据图 4-5 确定的某型火箭炮使用阶段通用质量评估指标体系,为便于表示将指标体系各层指标按表 4-7 所列进行编号。

表 4-7 某型火箭炮使用阶段通用质量评估指标编号表

| 指标编号 | 指 标 |
|---|---|
| $A_{11}$ | 可靠性 |
| $A_{12}$ | 维修性 |
| $A_{13}$ | 测试性 |
| $A_{14}$ | 安全性 |
| $A_{15}$ | 战备完好性 |
| $A_{21}$ | 保障资源 |
| $A_{22}$ | 保障装备 |
| $A_{23}$ | 保障管理 |
| $A_{31}$ | 弹药存储可用度 |

首先,依指标体系分解原则,将整个指标体系全部分解为如下式的多个双层子指标体系,即

$$A^* = \{A_i \mid A_{i1}, A_{i2}, \cdots, A_{im}\} \tag{4-4}$$

式中:$A^*$ 代表子指标体系;$A_i$ 代表子指标体系的顶层指标;$A_{ij}(1 \leq j \leq m)$ 代表指标体系中与 $A_i$ 直接相关的指标;$m$ 为指标体系中与 $I_i$ 直接相关指标的个数。

将某型火箭炮武器系统使用阶段通用质量评估指标体系进行分解,分解结果为

$$A_1^* = \{A_1 \mid A_{11}, A_{12}, A_{13}, A_{14}, A_{15}\} \tag{4-5}$$

$$A_2^* = \{A_2 \mid A_{21}, A_{22}, A_{23}\} \tag{4-6}$$

$$A_3^* = \{A_3 \mid A_{31}\} \tag{4-7}$$

同理,根据式(4-4)继续分解子指标体系,$A_i^*$ 代表子指标体系,$A_{ij}$ 代表子指标体系的顶层指标,$A_{ijk}(1 \leq k \leq m)$ 代表指标体系中与 $A_i$ 直接相关的指标,$m$ 为指标体系中与 $A_{ij}$ 直接相关指标的个数。分解结果为

$$A_{11}^* = \{A_{11} \mid A_{111}, A_{112}\}$$

$$A_{12}^* = \{A_{12} \mid A_{121}, A_{122}\}$$

$$A_{13}^{*} = \{A_{13} \mid A_{131}, A_{132}\}$$

$$A_{14}^{*} = \{A_{14} \mid A_{141}, A_{142}\}$$

$$A_{15}^{*} = \{A_{15} \mid A_{151}, A_{152}\}$$

$$A_{21}^{*} = \{A_{21} \mid A_{211}, A_{212}\}$$

$$A_{22}^{*} = \{A_{22} \mid A_{221}, A_{222}, A_{223}\}$$

$$A_{23}^{*} = \{A_{23} \mid A_{231}, A_{232}\}$$

$$A_{31}^{*} = \{A_{31} \mid A_{311}\}$$

**2. 子指标体系满意度的递阶层次结构**

构建指标体系必须符合以下原则:系统性原则、简明性原则、客观性原则、可测性原则、完备性原则、独立性原则、针对性原则和一致性原则[43],则指标体系满意度的递阶层次结构如图 4-6 所示。

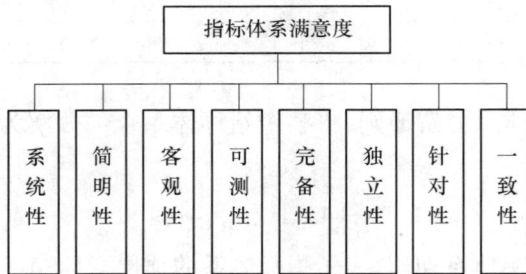

图 4-6 指标体系满意度的递阶层次结构

**3. 子指标体系满意度分析顺序**

对本书而言,需要对 $A_1^*$、$A_2^*$ 和 $A_3^*$ 进行满意度分析,顺序并无严格要求。对于子指标体系较多结构复杂的应按指标体系分解的顺序来进行。

**4. 指标体系满意度分析**

下面以式(4-5)对应的子指标体系 $A_1^*$ 为例,给出使用 GAHP 法进行指标体系满意度分析的过程。具体步骤如下:

(1) 建立子指标体系 $A_1^*$ 满意度的递阶层次结构。

(2) 计算子指标体系 $A_1^*$ 满意度的递阶层次结构底层元素的权重。使用层次分析法确定子指标体系满意度的递阶层次结构底层元素的权重,设由层次分析法确定的底层元素的权重向量为 $w = (0.125, 0.125, 0.125, 0.125, 0.125,$

0.125,0.125,0.125)。

（3）确定满意度递阶层次结构的底层元素的值矩阵。由图 4 - 6 可知,底层元素是定性元素,将定性元素量化时首先要制定底层元素评分标准。考虑到人思维的最大可能分辨力,将底层元素的优劣划分为 9 个等级,每个等级的含义及对应的分值如表 4 - 8 所列。

表 4 - 8　元素等级及对应分值表

| 等级 | 极好 | 很好 | 较好 | 好 | 一般 | 差 | 较差 | 很差 | 极差 |
|------|------|------|------|-----|------|-----|------|------|------|
| 分值 | 9 | 8 | 7 | 6 | 5 | 4 | 3 | 2 | 1 |

组织若干专家(本例为 5 名),对其满意度的递阶层次结构的底层元素进行等级评定,评定结果如表 4 - 9 所列。

表 4 - 9　满意度递阶层次结构底层元素等级评定表

| 专家 | 系统性 | 简明性 | 客观性 | 可测性 | 完备性 | 独立性 | 针对性 | 一致性 |
|------|--------|--------|--------|--------|--------|--------|--------|--------|
| 专家 1 | 极好 | 很好 | 极好 | 极好 | 极好 | 很好 | 很好 | 很好 |
| 专家 2 | 极好 | 很好 | 很好 | 极好 | 很好 | 极好 | 极好 | 很好 |
| 专家 3 | 极好 | 很好 | 极好 | 极好 | 极好 | 很好 | 极好 | 极好 |
| 专家 4 | 很好 | 极好 | 很好 | 极好 | 很好 | 极好 | 极好 | 很好 |
| 专家 5 | 极好 | 很好 | 很好 | 极好 | 极好 | 极好 | 极好 | 很好 |

根据满意度指标等级评定表及表 4 - 8 对应的等级分值,得到底层元素的值矩阵为

$$D = \begin{pmatrix} 9 & 8 & 9 & 9 & 9 & 8 & 9 & 8 \\ 9 & 8 & 8 & 9 & 8 & 9 & 9 & 8 \\ 9 & 8 & 9 & 8 & 9 & 8 & 9 & 8 \\ 8 & 9 & 8 & 9 & 8 & 8 & 9 & 9 \\ 9 & 8 & 8 & 9 & 9 & 9 & 9 & 8 \end{pmatrix}$$

（4）确定评估灰类。本书采用 4 个评估灰类($k = 4$),分别为优、良、中和差,其对应的灰数及白化权函数,如图 4 - 7 ~ 图 4 - 10 所示。

（5）计算灰色评估系数。对于底层元素而言,计算各元素的灰色评估系数的过程相似,以针对性原则为例,给出其计算过程。针对性指标隶属于各个灰

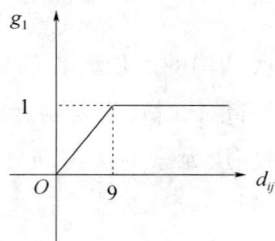

图 4 - 7　第 1 类白化权函数

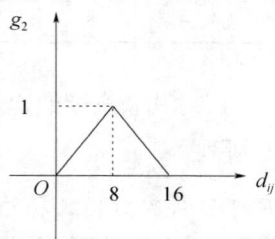

图 4 - 8　第 2 类白化权函数

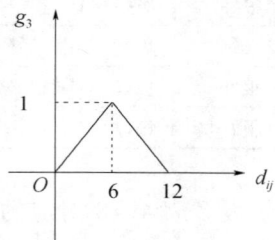

图 4 - 9　第 3 类白化权函数

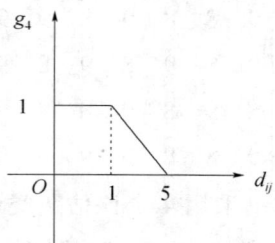

图 4 - 10　第 4 类白化权函数

类的灰色评估系数为 $n_{1m}^*(1 \leqslant m \leqslant 4)$，计算过程如式下：

$$\begin{cases} n_{11}^* = g_1(d_{11}) + g_1(d_{21}) + g_1(d_{31}) + g_1(d_{41}) + g_1(d_{51}) = 4.8889 \\ n_{12}^* = g_2(d_{11}) + g_2(d_{21}) + g_2(d_{31}) + g_2(d_{41}) + g_2(d_{51}) = 4.5000 \\ n_{13}^* = g_3(d_{11}) + g_3(d_{21}) + g_3(d_{31}) + g_3(d_{41}) + g_3(d_{51}) = 2.6667 \end{cases}$$

从而，得到针对性指标的总评估系数为 $n_1^* = \sum\limits_{m=1}^{4} n_{1m}^* = 12.0556$。

（6）计算灰色评估权矩阵。由 $n_{1m}^*(1 \leqslant m \leqslant 4)$ 及 $n_1^*$ 的值，可以得到针对性指标的灰色评估权向量 $\boldsymbol{r}_1 = (r_{11}, r_{12}, r_{13}, r_{14})$，其中 $r_{1m} = n_{1m}^*/n_1^*$（$1 \leqslant m \leqslant 4$）。同理可以得到其他 9 个满意度递阶层次结构底层元素的灰色评估权向量，综合得到灰色评估权矩阵为

$$\boldsymbol{R} = \begin{pmatrix} 0.3646 & 0.2416 & 0.3022 & 0 \\ 0.3758 & 0.1583 & 0.3826 & 0 \\ 0.5642 & 0.1897 & 0.3780 & 0 \\ 0.1701 & 0.2604 & 0.4211 & 0 \\ 0.2212 & 0.3772 & 0.2416 & 0 \\ 0.3870 & 0.2315 & 0.2517 & 0 \\ 0.3514 & 0.2207 & 0.3870 & 0 \\ 0.4213 & 0.3022 & 0.2079 & 0 \\ 0.2567 & 0.2144 & 0.4125 & 0 \end{pmatrix} \tag{4-8}$$

（7）子指标体系满意度的综合评估。子指标体系 $A_1^*$ 的满意度的评估结果为 $\boldsymbol{B} = (0.3872, 0.3790, 0.2328, 0)$，根据最大隶属度原则确定待分析对象满意度所属灰类。由于 $\boldsymbol{B}$ 中最大元素为 0.3872，其对应的评估灰类为"优"，则待分析子指标体系的满意度隶属于"优"灰类。

（8）效能指标体系满意度的综合评估。通过以上步骤得出子指标体系 $A_1^*$ 的满意度为"优"，认为式（4-5）对应的子指标体系的满意度符合要求。继续对式（4-6）和式（4-7）对应的子指标体系进行满意度分析，分析的过程类似。满意度分析的结果是式（4-6）和式（4-7）对应的子指标体系满意度为良，因此，认为整个指标体系的满意度符合要求，可以投入使用。

# 第5章 典型装备使用阶段通用质量评估

选择恰当的评估方法,建立科学的评估模型,是开展某型火箭炮使用阶段通用质量评估的基础。本章将依据某型火箭炮使用阶段的特点,以及数据收集的具体情况,选择适合于某型火箭炮使用阶段通用质量评估的方法,建立评估模型并对评估结果进行分析研究。

## 5.1 某型火箭炮单项使用质量指标评估

单项指标评估模型是某型火箭炮使用阶段质量综合评估的基础,建立某型火箭炮单项评估指标模型就是根据所得到的某型火箭炮在用阶段质量信息,把底层指标量化的过程[44]。

本节根据 2.3 节和 4.2 节对质量特性分析的基础,建立某型火箭炮使用阶段质量评估的单项指标评估模型。其中对维修性属性的记录,经实际调研后整理如表 5-1 所列。

表 5-1 整理后的维修性数据(部分)

| 序号 | 1 | 项目名称 | 手动泵总成 | 项目描述 | 手动泵损坏无进行手动高低调炮 | | 维修人员 | 李振敬 |
|---|---|---|---|---|---|---|---|---|
| | | | | | | | 记录人员 | |
| 平均维修时间/h | | | | | | 改进前平均维修时间 | | 20 |
| | | | | | | 改进后平均维修时间 | | |
| 分解各项时间/h | 准备时间 | 故障隔离时间 | 故障修复时间 | 分解时间 | 更换时间 | 再组装时间 | 调准时间 | 检验时间 | 时间总计 |
| | 2 | | | 5 | 2 | 5 | 2 | 4 | 20 |
| 维修属性专家打分/分 | 可达性 | 拆装性 | 标准化 | 互换性 | 防差错措施及识别标志 | | 测试性 | 人机环工程及维修安全性 | 备件 |
| | 10 | 10 | 7 | 10 | 10 | | 8 | 10 | 4 |

66

（续）

| 序号 | 2 | 项目名称 | 方向机手动装置 | 项目描述 | 方向机手摇装置空回量检查时,无明显的刻度标识 | 维修人员 | 李振敬 |
|---|---|---|---|---|---|---|---|
| | | | | | | 记录人员 | |

| 平均维修时间/h | | | | | | 改进前平均维修时间 | 10 |
|---|---|---|---|---|---|---|---|
| | | | | | | 改进后平均维修时间 | |

| 分解各项时间/h | 准备时间 | 故障隔离时间 | 故障修复时间 | 分解时间 | 更换时间 | 再组装时间 | 调准时间 | 检验时间 | 时间总计 |
|---|---|---|---|---|---|---|---|---|---|
| | 2 | | 3 | | | | 2 | 3 | 10 |

| 维修属性专家打分/分 | 可达性 | 拆装性 | 标准化 | 互换性 | 防差错措施及识别标志 | 测试性 | 人机环工程及维修安全性 | 备件 |
|---|---|---|---|---|---|---|---|---|
| | 10 | 8 | | | 6 | | 10 | |

| 序号 | 3 | 项目名称 | 火箭炮方向电机故障 | 项目描述 | 方式Ⅱ调炮时执行电机无法停止 | 维修人员 | 李振敬 |
|---|---|---|---|---|---|---|---|
| | | | | | | 记录人员 | |

| 平均维修时间/h | | | | | | 改进前平均维修时间 | 32 |
|---|---|---|---|---|---|---|---|
| | | | | | | 改进后平均维修时间 | |

| 分解各项时间/h | 准备时间 | 故障隔离时间 | 故障修复时间 | 分解时间 | 更换时间 | 再组装时间 | 调准时间 | 检验时间 | 时间总计 |
|---|---|---|---|---|---|---|---|---|---|
| | 2 | 10 | | 7 | 2 | 8 | | 3 | 32 |

| 维修属性专家打分/分 | 可达性 | 拆装性 | 标准化 | 互换性 | 防差错措施及识别标志 | 测试性 | 人机环工程及维修安全性 | 备件 |
|---|---|---|---|---|---|---|---|---|
| | 10 | 10 | 7 | 10 | 10 | 8 | 10 | 4 |

某型火箭炮使用阶段单项质量指标评估模型量化过程如下:

（1）平均故障间隔时间:

$$平均故障间隔时间 = \frac{寿命单位总数}{总故障次数}$$

依据收集的某营的装备数据,其主战装备与保障系统故障总次数为447次,涉及单装共45项,包括火箭炮12门,弹药装填车12辆,设计指挥车4辆,阵地指挥车1辆,气象车2辆,测地车3辆,弹药运输车6辆,机电设备电子检测维修车3辆,电子设备检测维修车2辆。寿命单位总数结合部队装备动用情况,按253个工作日计算,其工作时间为6h(其中机电设备电子检测维修车,电子设

67

备检测维修车的工作时间为每天 2h），可得

$$平均故障间隔时间 = \frac{253 \times 6 \times 40 + 253 \times 2 \times 5}{447} \approx 141(\mathrm{h})$$

（2）平均严重故障间隔时间：

$$平均严重故障间隔时间 = \frac{寿命单位总数}{总故障次数}$$

对于平均严重故障间隔时间，根据严重故障认定准则评定，该年共出现影响任务完成度的故障共 166 次，故平均严重故障间隔时间为

$$平均严重故障间隔时间 = \frac{253 \times 6 \times 40 + 253 \times 2 \times 5}{166} \approx 383(\mathrm{h})$$

（3）平均修复时间：

$$平均修复时间 = \frac{修复性维修总时间}{故障总数}$$

式中：故障总数可由某营的装备数据得出共 447 次，而修复性维修总时间参考整理的维修数据表和故障记录表得到，共 4702min，则平均修复时间为

$$平均修复时间 = \frac{4702}{447} \approx 11(\mathrm{min})$$

（4）平均拆装时间：

$$平均拆装时间 = \frac{拆装总时间}{拆装总次数}$$

由于收集到的故障及维修记录表对拆装时间不完整，经过调研，选取 100 个典型故障作为测量平均拆装时间的代表数据，拆装总时间为 907min，可得

$$平均拆装时间 = \frac{900}{100} = 9(\mathrm{min})$$

平均检测时间和平均技术准备时间的量化原理同平均拆装时间一样，这里不再详述。

（5）事故率：

$$事故率 = \frac{事故次数}{装备动用次数} \times 100\%$$

鉴于部队动用装备事故触发并不多，这里对事故率直接采取事故次数代表事故率。

（6）战备完好率：

$$战备完好率 = \frac{完好装备数}{实有装备数} \times 100\%$$

然而对于某型火箭炮而言,无论是作战单元(某型火箭炮营)还是单装,其装备数量不多,按上式进行装备完好率的估算不具有统计意义,为此建议采用装备完好时间比率来反映装备完好率[45]。

装备完好时间比率是指装备在规定时间内,装备处于完好状态时间与装备总日历时间的比值,即

$$战备完好率 = \frac{装备处于完好状态时间}{装备总日历时间} \times 100\%$$

对于单装而言,装备处于完好状态的时间可通过统计装备处于故障状态的时间间接获取,装备总日历时间按每年 253 天。根据故障记录表以及维修信息记录,对主战装备的 45 项单装经过计算其完好状态时间为228636h,可得

$$战备完好率 = \frac{213394}{253 \times 24 \times 45} \times 100\% \approx 78\%$$

（7）使用可用度：

$$使用可用度 = \frac{装备能工作时间}{装备总时间} \times 100\%$$

对于使用可用度的计算,由于是工程运用,没有将时间部分更加细化,装备能工作时间就是从装备总时间中减去故障记录表和维修信息表中因故障不能工作的时间。经过统计得到装备能工作时间为349596h,则使用可用度为

$$使用可用度 = \frac{349596}{365 \times 24 \times 45} \times 100\% \approx 89\%$$

（8）保障人员满足率：

$$保障人员满足率 = \frac{提供使用的人员数量}{需要提供的保障人员总数} \times 100\%$$

在收集保障系统的数据中,由于部队的编制是完整的,通过与维修管理部门和修理人员的沟通交流,得到保障编制人员 24 人,达到保障水平的 22 人,可得

$$保障人员满足率 = \frac{22}{24} \times 100\% \approx 92\%$$

保障资料满足率、保障设备满足率和备件满足率的计算过程同上。

$$保障资料满足率 = \frac{提供使用的保障资料数量}{需要的保障资料数量} \times 100\%$$

$$保障设备满足率 = \frac{提供使用的保障设备数量}{需要的保障设备数量} \times 100\%$$

$$备件满足率 = \frac{提供使用的备件数量}{需要的备件数量} \times 100\%$$

（9）备件利用率：

$$备件利用率 = \frac{实际使用的备件数}{实际拥有的备件总数} \times 100\%$$

在调研中通过整理备件仓库记录，得到库存总量为42380件，该年消耗备件为10595件，可得

$$备件利用率 = \frac{10595}{42380} \times 100\% = 25\%$$

（10）平均供应延误时间：

$$平均供应延误时间 = \frac{供应延误总时间}{保障事件总数}$$

由于收集的数据中没有针对此项纪录的，因此在调研中跟随5次保障情况，得到供应延误时间为6.5h，以此调研代表平均供应延误时间：

$$平均供应延误时间 = \frac{6.5}{5} = 1.3(h)$$

平均管理延误时间集中体现在上报机关审批的时间上，其计算过程与平均管理延误时间一样，即

$$平均管理延误时间 = \frac{管理延误总时间}{保障事件总数} = \frac{3}{5} = 0.6(h)$$

（11）弹药存储可靠度：

$$弹药存储可靠度 = \frac{完好炮弹数}{炮弹总数} \times 100\%$$

弹药的检测每半年一次，共600发火箭弹，有故障的共9发，可得

$$弹药存储可靠度 = \frac{591}{600} \times 100\% = 98.5\%$$

由上述分析可知，该营2008年某型火箭炮单项使用阶段质量指标量化结果，如表5-2所列。

表 5 - 2　某营 2008 年某型火箭炮单项使用阶段质量指标量化结果

| 单项指标 | 量化结果 |
| --- | --- |
| 平均故障间隔时间/h | 141 |
| 平均严重故障间隔时间/h | 383 |
| 平均修复时间/min | 11 |
| 平均拆装时间/min | 9 |
| 平均检测时间/min | 5 |
| 平均技术准备时间/min | 3 |
| 事故率/% | 0 |
| 战备完好率/% | 78 |
| 使用可用度/% | 90 |
| 保障人员满足率/% | 92 |
| 保障资料满足率/% | 95 |
| 保障设备满足率/% | 97 |
| 备件满足率% | 83 |
| 备件利用率% | 25 |
| 平均供应延误时间/h | 1.3 |
| 平均管理延误时间/h | 0.6 |
| 弹药存储可靠度/% | 98.5 |

## 5.2　某型火箭炮使用阶段通用质量综合评估

### 5.2.1　某型火箭炮使用阶段通用质量综合评估方法的确定

由于影响某型火箭炮使用质量的因素既有定量的也有定性的,本身都存在一定的模糊性,而且该型装备使用通用质量评估属于单目标评估问题,最后得到的评估结果是关于使用通用质量好坏的定性结论,所以传统的主成分分析法、层次分析法、灰色关联法和熵权评估法都不能解决此类问题,而模糊综合评估法刚好适合,因此选择模糊综合评估法作为某型火箭炮使用阶段通用质量评估的评估方法[46]。

指标体系的确定采用层次分析法和熵权法相结合的方法来进行,层次分法用来确定各指标的主观权重;客观权重的确定采用熵权法,由于是单目标评估问题,因此熵权不是由传统的对多方案关于多指标的评估矩阵计算得到的,而是由模糊关系矩阵计算出来的。其物理解释为:对于模糊关系矩阵来说,如果某个指标,对评语集中各个评语隶属度的差异程度越大,则该指标的评估结果越集中,说明该指标的评估结论很明确,所以该指标在综合评估中所起的作用应该越大;如果某个指标关于各个评语隶属度的差异程度越小,则该指标的评估结果越分散,说明该指标的评估结论很模糊,所以该评估指标在综合评估中所起的作用应该越小[47]。

## 5.2.2 模糊基础理论

模糊理论(Fuzzy Theory)是由美国自动专家加里福尼亚大学教授查德(L. A. Zadeh)于1965年创建的,它是用数学方法研究和处理具有"模糊性"现象的数学,故通常称为模糊数学。模糊分析是建立在模糊集合基础上的一种评估方法。它的特点在于其评估方式与人们的正常思维模式很接近,用程度语言描述对象。模糊综合评估法是利用模糊数学理论对现实世界中广泛存在的那些模糊的、不确定的事物进行定量化,从而做出相对客观的、正确的、符合实际的评估,进而解决具有模糊性的实际问题,其主要目的是为人类智能信息处理工程如决策、解决大规模复杂管理和经济大系统提供一种模型[48]。

模糊综合评估是在模糊的环境中,考虑了多种因素的影响,出于某种目的对某事物做出的综合决断或决策。本模型采用的模糊综合评估法,首先考虑到影响某型火箭炮使用通用质量的指标是模糊的,也就是在确定了评估某型火箭炮通用质量指标体系之后对各因素指标标准首先不做定量处理。而是由评估专家对各因素指标标准进行模糊选择,然后统计出专家群体对评估因素指标体系的选择结果,再按照所建立的数学模型进行最后计算。模糊综合评估法的过程就是先从定性的模糊选择入手,然后通过模糊变换原理进行运算取得结果[49-51]。

模糊综合评估模型可以分为单层次和多层次模型。

**1. 单层次模糊综合评判模型**

给定两个有限论域:

$$U = (u_1, u_2, \cdots, u_m) \qquad (5-1)$$

$$V = (v_1, v_2, \cdots, v_n) \qquad (5-2)$$

式中: $U$ 为所有的评判因素所组成的集合; $V$ 为所有的评语等级所组成的集合。

如果着眼于第 $i(i=1,2,\cdots,m)$ 个评判因素 $u_i$, 其单因素评判结果为 $\boldsymbol{R}_i = [i_{11}, i_{12}, \cdots, i_{1n}]$, 则 $m$ 个评判因素的评判决策矩阵

$$\boldsymbol{R} = \begin{pmatrix} R_1 \\ R_2 \\ \vdots \\ R_m \end{pmatrix} = \begin{pmatrix} i_{11} & i_{12} & \cdots & i_{1n} \\ i_{21} & i_{22} & \cdots & i_{2n} \\ \vdots & \vdots & \ddots & \vdots \\ i_{m1} & i_{m2} & \cdots & i_{mn} \end{pmatrix} \qquad (5-3)$$

就是 $V$ 到 $U$ 上的一个模糊关系。

如果对各评判因素得权数分配为 $\boldsymbol{A} = [a_1, a_2, \cdots, a_m]$, $A$ 是域 $U$ 上的一个模糊子集, 且 $\left(0 \leqslant a_i \leqslant 1, \sum\limits_{i=1}^{m} a_i = 1\right)$, 则运用模糊变换的合成运算, 可以得到域 $V$ 上的一个模糊子集, 即综合评判果:

$$B = \boldsymbol{A} \times \boldsymbol{R} = [b_1, b_2, \cdots, b_n] \qquad (5-4)$$

**2. 多层次模糊综合评判模型**

多层次模糊综合评判模型的建立, 可按以下步骤进行:

对评判因素集合 $U$, 按某个属性, 将其分为 $m$ 个子集, 这样就得到了第二级评判因素集合:

$$U = (u_1, u_2, \cdots, u_m) \qquad (5-5)$$

式中: $U_i = \{u_{ik}\} (i=1,2,\cdots,m; k=1,2,\cdots,n)$ 为子集 $U_i$ 中含有 $n$ 个评判因素。

对于每一个子集 $U_i$ 中的 $n$ 个评判因素, 按单层次模糊综合评判模型进行评判。如果 $U_i$ 中诸因素的权数分配为 $A_i$, 其评判矩阵为 $\boldsymbol{R}_i$, 则得到第 $i$ 个子集 $UC_i$ 的综合评判结果:

$$B_i = A_i \times \boldsymbol{R}_i = [b_{i1}, b_{i2}, \cdots, b_{in}] \qquad (5-6)$$

对 $U$ 中的 $m$ 个评判因素子集 $U_i(i=1,2,\cdots,m)$, 进行综合评判, 其评判决策矩阵为

$$\boldsymbol{R} = \begin{pmatrix} B_1 \\ B_2 \\ \vdots \\ B_m \end{pmatrix} = \begin{pmatrix} b_{11} & b_{12} & \cdots & b_{1n} \\ b_{21} & b_{22} & \cdots & b_{2n} \\ \vdots & \vdots & \ddots & \vdots \\ b_{m1} & b_{m2} & \cdots & b_{mn} \end{pmatrix} \qquad (5-7)$$

如果 $U$ 中的各因素子集的权数分配为 $A$，则可得综合评判结果：

$$B^* = A \times R \qquad\qquad (5-8)$$

为便于直观看出评估结论，可以算出综合评估的简单准确分值。在对应的评语集 $V = (v_1\ \text{优}, v_2\ \text{良}, v_3\ \text{中}, v_4\ \text{差})$ 中，给 $V$ 的评语分别赋予不同的分值。设 $W = (w_1, w_2, \cdots, w_n)$ 是分数集，它是一个列向量，其中 $w_i(i=1,2,\cdots,n)$ 表示第 $i$ 级评语的分数。利用向量的乘积，计算出一个代数值成为最终评估结果。

$$F = P \cdot W \qquad\qquad (5-9)$$

若 $U$ 的子集 $U_i$ 中仍含有很多因素，则可以对它再进行划分，得到三级以至更多层次的模糊综合评判模型。多层次的模糊综合评判模型，不仅可以反映评判因素的不同层次，而且避免了由于因素过多而难于分配权重的弊病[52]。

在式 $(5-9)$ 中，$B^*$ 既是 $U$ 的一级指标综合评估结果，也是 $U$ 中的所有因素的综合评估结果。这里需要强调的是，在式 $(5-6)$ 或式 $(5-8)$ 中，矩阵合成运算的方法通常有两种：一是主因素决定模型法，该方法一般仅适合于单项最优的选择；二是普通矩阵模型法，即利用普通矩阵算法进行运算，这种方法兼顾了各方面的因素，因此适宜于多因素的排序[53]。

## 5.2.3 某型火箭炮使用阶段通用质量评估的多层次模糊综合评估模型

根据评估的基本过程，可以将某型火箭炮使用阶段通用质量评估模型的具体实施过程分为构建指标体系、确定评估因素集、确定指标权重集、确定评语集四部分。

### 1. 构建指标体系

评估指标体系的设置，是综合评估的前提和基础。指标体系设置得是否合理和准确，直接影响着评估结果的科学性、可靠性和准确性。某型火箭炮使用质量是一种综合能力的反映，因此，评估的首要任务就是根据某型火箭炮的使用阶段通用质量参数，建立能够全面、准确地反映评估问题全貌的指标体系。对某型火箭炮使用阶段通用质量的考察及评估指标体系第 3 章已经确定。

### 2. 确定评估因素集

设评估因素集为

$$U = (u_1, u_2, \cdots, u_m)$$

依据综合评估指标体系,设立综合评估指标集 $A$,它由各二级评估指标因素构成,可以表达为 $U = (u_1, u_2, u_3) = \{$装备综合质量参数,弹药质量参数,保障系统质量参数$\}$。而各二级评估指标由各自的三级指标组成,可表达为: $U_i = (u_{i1}, u_{i2}, \cdots, u_{ij})$,其中: $i = 1, 2, \cdots, m, m$ 为二级指标个数; $j = 1, 2, \cdots, n, n$ 为二级指标 $A_i$ 含有的三级指标个数,这里不再赘述。

**3. 确定指标权重集**

设指标权重集为

$$K = \{k_1, k_2, \cdots, k_n\}$$

所谓权重系数,是指表示某一指标在整个指标体系中具有的重要程度。某种指标越重要,则该指标的权重系数越大;反之,权重系数越小。主要可以通过专家打分法和层次分析法确定各指标的权重。在本模型中,把主观的定性判断与决策分析中的层次分析方法,以及高等代数中矩阵的特征向量方法融合在一起,按照定性判断与定量分析相结合的原则,共同确定各个指标的权重大小。整个指标体系的权重被分为若干个层次确定,每一单元的得分等于其子层所有单元得分的总和。最上一层即目标层,分值为总权重值 1;先将总权重值在直接影响其总指标的第一层次进行分配,再进一步到各个具体的各项细化指标。这样,就简化了每一步的判断工作,避免了对几十个指标进行直接赋权。在具体的由上层到下层的权数分配中,由于人们的思维力对于在两个事物之间做出相等、较好、很好的判断是较为容易的,但是如果再细分到具体的分值判断则极为困难。因此,本方法中引入了矩阵特征向量的方法由两指标间的简单判断归纳出指标的权重[54-56]。

对于在某一层次上的 $n$ 个指标之间进行两两比较判断后,得到判断矩阵 $A$:

$$A = [a_{ij}]_{n \times n}$$

显然,判断矩阵 $A$ 应具有如下性质:① $a_{ij} > 0$;② $a_{ij} = 1/a_{ij}$。具有上述两个性质的矩阵称为正互反矩阵。

Per2ry – Frobenins 定理中证明了正互反矩阵特征根所对应的特征向量的分量均为正数,这就为以利用判断矩阵的标准特征向量作为指标权重提供了理论依据[57]。

对于比较矩阵,其元素是各因素相对子系统的相对重要性的比较值

（表5-3）。一般由系统分析者或专家给出，这一过程是将定性思维定量化的过程，有时难以给出精确的比较判断，因而可能引起判断的不一致。这种不一致性可以通过判断矩阵的特征根的情况反映出来，因而还需对判断矩阵进行一致性检验。根据定理"$N$阶正互反矩阵 $A$ 是一致性矩阵的充要条件为 $A$ 的最大特征根为 $\lambda_{max} = n$"，可知，若正互反矩阵 $A$ 的最大特征根 $\lambda_{max}$ 与 $n$ 相差越大，则 $A$ 的不一致程度越严重，从而用其对应的特征向量作为权向量而引起的判断误差也越大。因而，可用 $R_i = (\lambda_{max} - n)/(n-1)$ 作为一致性检验指标。若比较矩阵不满足一致性检验标准，则必须重新进行比较，调整判断矩阵的元素，直到满足一致性检验标准。为确定 $A$ 的不一致程度的容许范围，层次分析法中引入了随机一致性指标，用于检验正互反矩阵的一致性 $R_i$。

表5-3　建立指标对比判断标准

| 标度值 | 含　义 |
|---|---|
| 1 | 表明两指标相比，具有同等重要性 |
| 2 | 表明两指标相比，一个指标比另一指标稍重要 |
| 3 | 表明两指标相比，一个指标比另一指标明显重要 |
| 4 | 表明两指标相比，一个指标比另一指标强烈重要 |
| 5 | 表明两指标相比，一个指标比另一指标极端重要 |
| 1.5　2.5　3.5　4.5 | 如果两指标的差别介于二者之间时，可取上述相邻判断的中间值 |
| | 若指标 $i$ 与 $j$ 重要性之比为 $a$，则指标 $j$ 与 $i$ 的重要性之比为 $1/a$ |

判断矩阵建立后，求出的最大特征根所对应的特征向量。所求特征向量即为各评估因素的重要性排序。归一化后，也就是权数分配。

**4. 确定评语集**

评语集是对各种指标作出可能结果的集合，通过专家进行评估定级。根据装备通用质量评估的目的，建立评语集 $V$：

$$V = \{v_1(优), v_2(良), v_3(中), v_4(差)\}$$

有了专家对指标的评语集（本模型中是对第三级指标的评语集），就可以根据评语集合对指标集合的模糊关系建立模糊评估矩阵。结合不同层次指标的权重集合，根据多层次模糊评估模型的计算程序，求得最终综合评估结果 $B^*$，与分数集 $W$ 相乘，即求得代数值 $F$ 为最终评估结果[58]。

## 5.2.4　某型火箭炮使用阶段通用质量综合评估实施

以某型火箭炮为例,由 10 名专家组成的评判小组对表 5-3 所列的某型火箭炮营,2008 年某型火箭炮使用阶段通用质量特性的相关因素指标进行评估。首先利用层次分析法的两两比较法确定各个评估指标相对于上一层某指标的相对重要性权值和隶属度,并建立评估等级(表 5-4),其评语集为

$$V = \{V_1, V_2, V_3, V_4\} = \{优,良,中,差\} = \{1,2,3,4\}$$

$$V = (v_1, v_2, \cdots, v_n)$$

表 5-4　某型火箭炮通用质量特性影响因素模糊综合评判分值结果

| 一级指标 | 权重 | 二级指标 | 权重 | 三级指标 | 权重 | 指标隶属度 | | | |
|---|---|---|---|---|---|---|---|---|---|
| | | | | | | $V_1$ | $V_2$ | $V_3$ | $V_4$ |
| 作战装备质量参数 $A_1$ | 0.42 | 可靠性 $B_1$ | 0.33 | 平均故障间隔时间 $C_{11}$ | 0.6 | 0.6 | 0.3 | 0.1 | 0.0 |
| | | | | 平均严重故障间隔时间 $C_{12}$ | 0.4 | 0.4 | 0.3 | 0.2 | 0.1 |
| | | 维修性 $B_2$ | 0.31 | 平均修复时间 $C_{21}$ | 0.6 | 0.8 | 0.1 | 0.1 | 0 |
| | | | | 平均拆装时间 $C_{22}$ | 0.4 | 0.5 | 0.4 | 0.1 | 0.0 |
| | | 测试性 $B_3$ | 0.18 | 平均检测时间 $C_{31}$ | 0.5 | 0.7 | 0.1 | 0.1 | 0.1 |
| | | | | 平均技术准备时间 $C_{32}$ | 0.5 | 0.6 | 0.1 | 0.2 | 0.1 |
| | | 安全性 $B_4$ | 0.09 | 事故率 $C_{41}$ | 1 | 0.7 | 0.3 | 0 | 0 |
| | | 战备完好性 $B_5$ | 0.09 | 战备完好率 $C_{51}$ | 0.5 | 0.8 | 0.2 | 0 | 0 |
| | | | | 使用可用度 $C_{52}$ | 0.5 | 0.8 | 0.1 | 0.1 | 0 |
| 保障系统质量参数 $A_2$ | 0.37 | 保障资源 $B_6$ | 0.53 | 保障人员满足率 $C_{61}$ | 0.5 | 0.8 | 0 | 0.2 | 0 |
| | | | | 保障资料满足率 $C_{62}$ | 0.5 | 0.7 | 0.2 | 0 | 0.1 |
| | | 保障装备 $B_7$ | 0.32 | 保障设备满足率 $C_{71}$ | 0.4 | 0.4 | 0.5 | 0.1 | 0.0 |
| | | | | 备件满足率 $C_{72}$ | 0.4 | 0.2 | 0.3 | 0.3 | 0.2 |
| | | | | 备件利用率 $C_{73}$ | 0.2 | 0.4 | 0.4 | 0.1 | 0.1 |
| | | 保障管理 $B_8$ | 0.15 | 平均供应延误时间 $C_{81}$ | 0.7 | 0.2 | 0.3 | 0.3 | 0.2 |
| | | | | 平均管理延误时间 $C_{82}$ | 0.3 | 0.8 | 0.1 | 0.1 | 0 |
| 弹药 $A_3$ | 0.21 | 存储可靠度 $B_9$ | 1 | 存储可靠度 $C_{91}$ | 1 | 0.3 | 0.5 | 0.1 | 0.1 |

其中,指标隶属度的计算采用专家比例法[59],由评判专家小组的每一位成员根据已定的评估等级标准依次对各个指标进行判断评估,根据对该评估专家所占比例,确定该指标评语集,如针对平均故障间隔时间的专家意见表如表5-5所列。

表5-5　专家评估意见表

| 专家 | 给定指标等级的数量 | | | |
|---|---|---|---|---|
| | 优 | 良 | 中 | 差 |
| 1 | √ | | | |
| 2 | | | √ | |
| 3 | √ | | | |
| 4 | √ | | | |
| 5 | | √ | | |
| 6 | | √ | | |
| 7 | √ | | | |
| 8 | √ | | | |
| 9 | | √ | | |
| 10 | √ | | | |
| 所占比例 | 0.6 | 0.3 | 0.1 | 0 |

由表5-5可得"平均故障间隔时间"的评语集为[0.6　0.3　0.1　0]。

利用多层次模糊综合评估方法,建立多层次评估模型:

$$A_1 \cdot R_{A_1} = (B_1, B_2, B_3, B_4, B_5) \cdot R_{B_i} \qquad (5-10)$$

其中

$$R_{B_1} = (C_{11}, C_{12}) \cdot R_{C_1}$$

$$= (0.6, 0.4) \cdot \begin{pmatrix} 0.6 & 0.3 & 0.1 & 0.0 \\ 0.4 & 0.3 & 0.2 & 0.1 \end{pmatrix}$$

$$= (0.5200 \quad 0.3000 \quad 0.1400 \quad 0.0400)$$

$$R_{B_2} = (C_{21}, C_{22}) \cdot R_{C_2}$$

$$= (0.6, 0.4) \cdot \begin{pmatrix} 0.8 & 0.1 & 0.1 & 0.0 \\ 0.5 & 0.4 & 0.1 & 0.0 \end{pmatrix}$$

$$= (0.6800 \quad 0.2200 \quad 0.1000 \quad 0)$$

$$\boldsymbol{R}_{B_3} = (C_{31}, C_{32}) \cdot \boldsymbol{R}_{C_3}$$

$$= (0.5, 0.5) \cdot \begin{pmatrix} 0.7 & 0.1 & 0.2 & 0.0 \\ 0.6 & 0.1 & 0.2 & 0.1 \end{pmatrix}$$

$$= (0.6500 \quad 0.1000 \quad 0.2000 \quad 0.0500)$$

$$\boldsymbol{R}_{B_4} = C_{41} \cdot \boldsymbol{R}_{C_4}$$

$$= 1 \times (0.7 \quad 0.3 \quad 0.0 \quad 0.0)$$

$$= (0.7 \quad 0.3 \quad 0.0 \quad 0.0)$$

$$\boldsymbol{R}_{B_5} = (C_{51}, C_{52}) \cdot \boldsymbol{R}_{C_5}$$

$$= (0.5, 0.5) \cdot \begin{pmatrix} 0.8 & 0.2 & 0.0 & 0.0 \\ 0.8 & 0.1 & 0.1 & 0.0 \end{pmatrix}$$

$$= (0.8000 \quad 0.1500 \quad 0.0500 \quad 0)$$

所以,得到

$$\boldsymbol{A}_1 \cdot \boldsymbol{R}_{A_1} = (B_1, B_2, B_3, B_4, B_5) \cdot \boldsymbol{R}_{B_i}$$

$$= (B_1, B_2, B_3, B_4, B_5) \cdot (\boldsymbol{R}_{B_1}, \boldsymbol{R}_{B_2}, \boldsymbol{R}_{B_3}, \boldsymbol{R}_{B_4}, \boldsymbol{R}_{B_5})$$

$$= (0.33 \quad 0.31 \quad 0.18 \quad 0.09 \quad 0.09) \cdot \begin{pmatrix} 0.52 & 0.30 & 0.14 & 0.04 \\ 0.68 & 0.22 & 0.10 & 0.00 \\ 0.65 & 0.10 & 0.20 & 0.05 \\ 0.70 & 0.30 & 0.00 & 0.00 \\ 0.80 & 0.10 & 0.10 & 0.00 \end{pmatrix}$$

$$= (0.6344 \quad 0.2212 \quad 0.1222 \quad 0.0222)$$

同理,可以推出:

$$\boldsymbol{A}_2 \cdot \boldsymbol{R}_{A_2} = (0.53 \quad 0.32 \quad 0.15) \cdot \begin{pmatrix} 0.4 & 0.5 & 0.1 & 0.0 \\ 0.2 & 0.3 & 0.3 & 0.2 \\ 0.4 & 0.4 & 0.2 & 0.0 \end{pmatrix}$$

$$= (0.336 \quad 0.4210 \quad 0.1790 \quad 0.0640)$$

$$\boldsymbol{A}_3 \cdot \boldsymbol{R}_{A_3} = 1 \times (0.3 \quad 0.5 \quad 0.1 \quad 0.1)$$

$$= (0.3 \quad 0.5 \quad 0.1 \quad 0.1)$$

因为评判集 $V = \{1, 2, 3, 4\}$ ,所以综合评判值:

$$Q = (A_1 \quad A_2 \quad A_3) \cdot \begin{pmatrix} A_1 \cdot R_{A_1} \\ A_2 \cdot R_{A_2} \\ A_3 \cdot R_{A_3} \end{pmatrix} \cdot (1 \quad 2 \quad 3 \quad 4)^{\mathrm{T}}$$

$$= (0.42 \quad 0.37 \quad 0.21) \cdot \begin{pmatrix} 0.6344 & 0.2212 & 0.1222 & 0.0222 \\ 0.336 & 0.421 & 0.179 & 0.064 \\ 0.300 & 0.500 & 0.100 & 0.100 \end{pmatrix} \cdot$$

$$(1 \quad 2 \quad 3 \quad 4)^{\mathrm{T}}$$

$$= (0.4780 \quad 0.3324 \quad 0.1348 \quad 0.0503) \cdot (1 \quad 2 \quad 3 \quad 4)^{\mathrm{T}}$$

$$= 1.7484$$

根据评判等级的规定,评判值 $Q = 1.7484$ 表明某型火箭炮使用通用质量特性在优与良之间,偏向于良,总体属于良好范畴。经专家实地考察调研证明该评判与事实相符,表明这套评判方法能够运用于某型火箭炮使用通用质量特性评估上。

根据以上评估步骤,对某型火箭炮营 4 年的使用通用质量评估结果,如表 5-6 所列。

表 5-6  某型火箭炮营 4 年评估指标数据及评估结果

| 年份/年<br>指标参数 | 2006 | 2007 | 2008 | 2009 |
|---|---|---|---|---|
| 平均故障间隔时间/h | 154 | 151 | 141 | 162 |
| 平均严重故障间隔时间/h | 396 | 412 | 383 | 435 |
| 平均修复时间/min | 14 | 12 | 11 | 11 |
| 平均拆装时间/min | 13 | 11 | 9 | 6 |
| 平均检测时间/min | 5 | 6 | 5 | 4 |
| 平均技术准备时间/min | 4 | 4 | 3 | 4 |
| 事故率/% | 0 | 1 | 0 | 0 |
| 战备完好率/% | 85 | 82 | 78 | 88 |
| 使用可用度/% | 94 | 91 | 89 | 89 |
| 保障人员满足率/% | 88 | 88 | 92 | 90 |
| 保障资料满足率/% | 96 | 98 | 95 | 95 |
| 保障设备满足率/% | 98 | 100 | 97 | 98 |

（续）

| 指标参数 \ 年份/年 | 2006 | 2007 | 2008 | 2009 |
|---|---|---|---|---|
| 备件满足率% | 81 | 77 | 83 | 86 |
| 备件利用率% | 16 | 18 | 25 | 34 |
| 平均供应延误时间/h | 1.4 | 1.4 | 1.3 | 0.9 |
| 平均管理延误时间/h | 0.8 | 0.7 | 0.6 | 0.7 |
| 弹药存储可靠度/% | 95.2 | 96.5 | 98.5 | 97.4 |
| 评估结果 | 1.6242 | 1.6153 | 1.7484 | 1.5532 |

同理，根据表 5-7 所列的 6 个某型火箭炮营 2008 年的数据状况，可以得到各营的某型火箭炮使用阶段质量评估结果。

表 5-7 某型火箭炮营 2008 年评估模型指标数据表

| 指标参数 \ 单位 | 1 | 2 | 3 | 4 | 5 | 6 |
|---|---|---|---|---|---|---|
| 平均故障间隔时间/h | 153 | 141 | 144 | 147 | 152 | 150 |
| 平均严重故障间隔时间/h | 377 | 383 | 392 | 386 | 404 | 417 |
| 平均修复时间/min | 7 | 11 | 12 | 5 | 6 | 8 |
| 平均拆装时间/min | 7 | 9 | 6 | 4 | 8 | 7 |
| 平均检测时间/min | 3 | 5 | 4 | 2 | 4 | 5 |
| 平均技术准备时间/min | 4 | 3 | 4 | 5 | 6 | 7 |
| 事故率/% | 1 | 0 | 0 | 0 | 1 | 0 |
| 战备完好率/% | 82 | 78 | 88 | 85 | 88 | 91 |
| 使用可用度/% | 91 | 89 | 88 | 91 | 92 | 92 |
| 保障人员满足率/% | 82 | 92 | 90 | 93 | 88 | 85 |
| 保障资料满足率/% | 98 | 95 | 95 | 94 | 93 | 91 |
| 保障设备满足率/% | 100 | 97 | 98 | 94 | 99 | 97 |
| 备件满足率% | 81 | 83 | 78 | 84 | 82 | 88 |
| 备件利用率% | 17 | 25 | 34 | 18 | 26 | 17 |
| 平均供应延误时间/h | 1 | 1.3 | 0.8 | 1 | 0.9 | 1.7 |
| 平均管理延误时间/h | 0.4 | 0.6 | 0.7 | 0.3 | 0.5 | 1.2 |
| 弹药存储可靠度/% | 96.7 | 98.5 | 97.3 | 99 | 96.5 | 97 |
| 评估结果 | 1.9153 | 1.7484 | 1.8532 | 1.4359 | 1.8051 | 2.5307 |

## 5.3  评估结果分析

某型火箭炮的使用阶段通用质量是指某型火箭炮在使用过程中表现出来的质量状况,其本质是一种过程质量。因此,对其使用阶段通用质量评估结果分析,就是要从其本质出发,采用使用过程分析的方法对其研究[60]。

对表5－6针对某型火箭炮营4年使用阶段通用质量评估结果,由评估结果可以看出其使用阶段通用质量总体是逐年提高的,正在由"良"向"优"过渡。但在2008年评估结果有小幅下降趋势,经过调研得知,2008年该营参加演习训练次数较多,装备动用频繁,故某型火箭炮武器系统故障率高,随之带来的作战装备质量参数情况较差,影响最终评估结果。以平均严重故障间隔时间为例,其数据变化情况如图5－1所示。

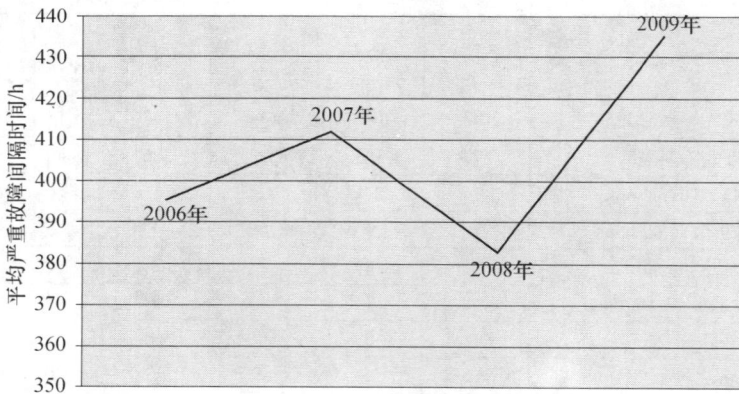

图5－1  某型火箭炮 MTBCF 变化图

由图5－1可以看出,在2008年,某型火箭炮武器系统的平均严重故障间隔时间达到最低点,具体原因就是在2008年装备动用频率比较高,特别是演习,是装备磨损消耗最严重的时期,影响到装备的总体通用质量评估结果。

结合表5－7的评估结果分析6个某型火箭炮营的某型火箭炮使用通用质量状况,发现单位4的使用通用质量状况最好,接近于"优",单位1、2、3、5为"良",单位6使用通用质量状况最差,为"中"。

通过评估指标体系中 $A_i$ 的横向对比,发现单位6的通用质量状况较差的主要原因在保障系统中的保障管理指标中,经过实地调研发现单位 6 所处地理位置特殊,距离机关单位和维修单位较远,导致故障发生时,管理延误时间以及供应延误时间较长,不能在第一时间进行维修,以致评估结果差于其他单位。

同时,针对评估结果整体趋近于"良",通过总体分析发现,主要问题在于备件利用率方面的总体指标值较差,经过调研发现实际维修保障过程中,部队经常由于缺乏维修备件或维修器材,不得不中途停止维修工作,在与生产厂家联系获取所需的维修备件或维修器材后,才能继续完成维修任务。这种供应不科学的现状,严重影响了部队维修保障工作的时效性。具体表现在:

**1. 维修器材消耗数据总体离散性很大**

共收集 6 个某型火箭炮营 5 年来的火箭炮维修消耗数据。经过汇总分析,可以得出以下两个基本结论:①不同单位之间,消耗的品种量、件数、金额差异较大。以 2008 年 7 月为例,单位 1 修理了 35 门次,平均每门次消耗 4 个品种(最多为 11 种、最少为 1 个品种);单位 2 修理了 26 门次,平均每门次消耗 3 个品种(最多为 9 种,最少为 1 种);单位 3 修理了 48 门次,平均每门次消耗 4 个品种(最多为 13 种,最少为 1 种);单位 4 修理了 51 门次,平均每门次消耗 2 个品种(最多为 8 种,最少为 1 种);单位 5 修理了 12 门次,平均每门次消耗 2 个品种(最多为 2 种,最少为 1 种);单位 6 修理了 22 门次,平均每门次消耗 2 个品种(最多为 4 种,最少为 1 种)。②不同门次修理所消耗的品种一致性不强。在统计的所有门次修理中都消耗的仅有 1 种,15 门次以上都有过消耗的仅为 5 种。

**2. 器材标准与实际消耗有较大差异**

装备使用的环境、条件、强度不同,部队对其损坏规律和周期在短时间内难以摸索出来,对新型装备常耗易损器材心中没数,增大了器材订购的盲目性。由于部队装备的特殊性,许多零配件通用性、互换性差,在市场难以买到。造成维修器材供应明显不足的根本原因在于器材供给体制不健全,分级筹供模式没有形成,中间环节多,供应渠道少,传递时间长;供应保障网络没有形成,供需调控机制运转不灵活,信息反馈速度慢,致使器材供应的计划性、及时性、针对性不强。

**3. 器材闲置与短缺并存**

现行的军械维修管理费由于只颁发了部队维修管理费计领标准,而总部和军区两级没有计领标准,实施的是项目管理。计领标准与现今实际经费需求缺口较大,远远不能满足装备维修保障的需要。由于相关部门协调不够,造成部队战术储备器材经费一直没有落实,只能从正常周转维修器材经费中挤占、挪用解决,影响了部队正常周转维修器材的保障。同时,在备件仓库中有大量的备件根本未曾动用过,从 6 个某型火箭炮营 2008 年的备件利用率可以看出,备件利用率低整体偏低,从统计的数据分析可知,各单位都不同程度的存在着器材的短缺与呆滞现象。

**4. 装备整体完好率偏低**

在 2008 年参与综合评估的 6 个某型火箭炮营中,只有 1 个单位的装备完好率达到了 90% 以上,符合部队战备要求,而其余 4 个单位的完好率整体偏低,结合单项指标评估模型经过分析发现主要在于作战装备的故障率较高。

在针对评估结果的调研中发现,装备的维修性虽然整体为优,但还有改进的空间。维修人员普遍反映某型火箭炮的很多零部件标识性差,如方向机手动装置在故障时,拆装需要 10min,如果在手动传动轴套外部装一刻度盘,则可将拆卸时间降低至 5min;千斤顶行程开关共有 4 个,拆装需要 18min,如添加识别标识,则可将拆装时间降低在 10min 以内。

# 5.4 某型火箭炮使用阶段通用质量的改进措施

改进就是针对分析得出的影响某型火箭炮使用通用质量的关键因素以及造成质量问题的根本原因,采取有效的纠正措施,使某型火箭炮的使用通用质量得以改进。针对前文分析得出的评估结果中的不足之处,提出如下改进措施。

(1)加强对某型火箭炮动用计划和动用规格落实情况的检查督导,科学合理地动用装备,尤其是在装备动用的频繁期。对装备动用前准备情况进一步加强检查,对动用过程中不遵守操作规程的使用人员和维修人员进行集中教育和培训,提高装备的使用效率和维修时效。

(2)在部队演习和专业训练时期,可以适当增加预防性维修的频率,营指挥员、技术人员、技师应跟随保养的各项作业的实施,并负责监督检查完成各项作业的质量。技术分队的指挥人员和修理分队的指挥员,还应当在装备完成作战或演习任务后对某型火箭炮整体进行质量全面检查。

（3）针对备件利用率偏低的情况，可以采取不同单位存储备件整体数量不同的计划。针对各个单位零部件消耗的具体情况，由维修单位提出备件增加的具体要求，加以库存。

（4）对于地理位置比较特殊的单位，可以有针对性地改进管理的模式，简化维修和申请零部件的审批程序，减少供应延误时间和管理延误时间。

（5）建议对某型火箭炮的零部件进行标识，增加识别标志，尤其是有两个以上相同部件的装置，如外节电源插头、千斤顶行程开关、方向角限位器等。

（6）有针对性的增加部分检测工具，如设计一新型万用表检测控制箱，可以大大降低控制箱的检测时间。

# 附　录

定性指标评分表填写说明：

（1）"评价等级"和"得分"两项，由评审专家填写。

（2）评价等级：该栏供评审专家评判每个评价内容的等级。差、较差、一般、较好、好为该项评价内容完成好坏的评价等级，每个等级的含义如下：

5——评价结果完全满足要求，可以给相当于百分制的 90 ~ 100 分（含 90 分）。

4——评价结果满足合同要求，不是太好但也没有缺陷，可以给相当于百分制的 80 ~ 90 分（含 80 分，不含 90 分）。

3——评价结果基本满足合同要求，有少部分缺陷，但容易改正，可以给相当于百分制的 60 ~ 80 分（含 60 分，不含 80 分）。

2——评价结果不满足合同要求，有部分缺陷，改正起来比较困难，可以给相当于百分制的 50 ~ 60 分（含 50 分，不含 60 分）。

1——评价结果与合同要求差距很大，有很多缺陷，改正起来很困难，需要重新做工作，可以给相当于百分制的 49 分以下。

（3）得分——该栏供评审专家审查后评分使用。专家对检查内容确定评分等级后，再从该等级对应分数范围内选定一个适合的分数填入此栏。

（4）评价指标得分：将单项评价内容打的分数综合转化成每个评价指标的分数。按下式计算：

$$评价指标得分 = 100 \times \frac{每个评价指标下评价内容得分之和}{每个评价指标下评价内容项数 \times 100}$$

（5）在部队使用人员打分过程中采用的是 5、4、3、1 四个评定等级。

（6）各评价指标得分评级：将各评价指标得分按照差、较差、一般、较好、好五个等级对应的打分范围，套用一个级别填写在评价指标得分后面。

# 参 考 文 献

[1] 王卫东. 装备的质量分析与评估[J]. 工兵装备研究,2004,23(2),43 – 46.

[2] 孔繁柯. 关于装备使用阶段质量问题的探讨[C]. 装甲兵工程学报,2001.

[3] 张鹏. 飞行数据趋势监测在飞机"健康状况"评估中的应用[J]. 空军工程大学学报(自然科学版), 2004(03):35 – 36.

[4] 许树柏. 层次分析法原理[M]. 天津:天津大学出版社,2000.

[5] [美]Army Regulation 220 – 1,Unit Status Reporting,2004.

[6] [美]Army Regulation 700 – 138 Army Logistics Readiness and Sustainability,2006.

[7] [美] Department of Defense Reliability, Availability, Maintainability, and Cost Rationale Report Manual,2009.

[8] GJB 3872—99,装备综合保障通用要求[S]. 北京:中国人民解放军总装备部,1999.

[9] 徐宗昌. 保障性工程[M]. 北京:兵器工业出版社,2002.

[10] 单志伟. 装备综合保障工程[M]. 北京:国防工业出版社,2007.

[11] 陈庆华. 装备运筹学[M]. 北京:国防工业出版社,2005.

[12] 戴祥军. 信息化作战环境下弹药保障需求分析[J]. 物流工程与管理,2010,11,70 – 73.

[13] 熊伟. 质量功能展开原理的扩展及应用[J]. 上海质量,1998(5):34 – 35.

[14] 郭亚军. 一种新的动态综合评价方法[J]. 管理科学学报,2002,5(2):49 – 54.

[15] 胡永宏,等. 综合评价理论与方法[M]. 北京:科学出版社,2000.

[16] 洪利华,罗均平,刘已斌. 基于主成分分析法的目标威胁评估[J]. 指挥控制与仿真,2006,28(2): 49 – 52.

[17] 董玉成,陈义华. 层次分析法中的检验[J]. 系统工程理论与实践,2004(7):105 – 110.

[18] Wang J H. Assessment of Tourism Resources In The Rutog Area of Tibet:Based on an Analytic Hierarchy Process[J]. Acta Scientiarum Naturalism Universitatis Pekinensis,2004,40(2): 287 – 295.

[19] 李勇,丁日佳,等. AHP 判断矩阵的一致性检验与修正[J]. 统计与决策,2007(4):29 – 30.

[20] 金荣. 基于熵权多目标决策的保障性评价方法研究[J]. 空军工程大学学报(自然科学版). 2007,8 (3):56 – 59.

[21] Haken H. Application of the maximum Entropy principle to nonlinear systems far from equilibrium[J]. Physics & Probability,2004(10):239 – 2250.

[22] 薛国良. 信息熵[J]. 物理通报,1988,1:38 – 40.

[23] 曲英杰,孙光亮,李志敏. 最大熵原理及应用[J]. 青岛建筑工程学院学报,1996(2):94 – 100.

［24］李洪兴,汪群,等.工程模糊数学方法及应用［M］.天津:天津科学技术出版社,1993.

［25］金菊良,魏一鸣,丁晶.基于改进层次分析法的模糊综合评价模型［J］.水利学报,2004(3):65－69.

［26］Xue LQ. An Improved Quantitative AHP Method for the Assessment and Selection of Wastewater-treatment Schemes［J］. International Journal Hydroelectric energy,2001,19(4):73－83.

［27］Saaty T L. Decision Making with the AHP:Why is the Principal Eigenvector Necessary［J］. European J of Operational Research,2003,145(1):85－91.

［28］Luo Mingfei,Kuhnell B T. Diagnosis of machine faults using relational grade analysis in the grey system theory［J］. The Journal of Grey System, 1991(3):333－341.

［29］王广月,刘健. 基于组合权重的灰色关联方案决策模型及其应用［J］. 工业建筑,2004(34):61－65.

［30］Gao X K,Liu Z J,Chen S X. Grey relational analysis for robust design of BLDC spindle motor［C］//Magnetic Recording Conference,2002. Digest of the Asia-pacific,27－29 Aug. 2002:WE－P－28－01－WE－P－28－02.

［31］陈永光,柯宏发. 电子信息装备试验灰色系统理论运用技术［M］. 北京:国防工业出版社,2008.

［32］刘思峰,党耀国. 灰色系统理论及其应用［M］. 3 版. 北京:科学出版社,2005.

［33］韩华,徐廷学,张宗波. 灰色关联法在保障性评估中的应用［J］. 海军航空工程学院学报,2008(6):655－658.

［34］叶成义,柯棣华,黄德育. 系统综合评价技术及应用［M］. 北京:冶金工业出版社,2006.

［35］王静. 导弹武器装备维修性定量指标的评估验证［J］. 质量与可靠性, 2007,3:16－19.

［36］Beynon M. Reducts with in the variable precision rough sets model:a further invoestigation［J］. European Journal of Operational Research,2001(3):592－605.

［37］Keeney R L, Raiffa H. Decisions with Multiple Objectives:Preferences and Value Tradeoffs［M］. New York:Willy,1976.

［38］金振辉. 科技项目评估方法研究［D］. 昆明:昆明理工大学,2006.

［39］张宛平,王绍智. 一个模糊多目标群体决策方法［J］. 上海理工大学学报,1998(20):234－240.

［40］Chao Ton Su,Jyh-Hwa Hsu. Precision parameter in the variable precision rough sets model:an application［J］. Omega,2006,34(2):149－157.

［41］Qing hua Hu, DarenYu. Fuzzy Probabilistic Approximation Spacesand Their Information Measures［J］. IEEE TRANSACTIONSON FUZZY SYSTEMS, 2006(14): 191－200.

［42］邱东. 多指标综合评估方法的系统分析［M］. 北京:中国统计出版社,1991.

［43］吕跃进,张维. 指数标度在标度系统中的重要作用［J］. 系统工程学报,2003, 18(5):452－456.

［44］李龙清,高利军,贾齐林. 煤炭建设项目经济评价定性指标量化研究［J］. 西安科技大学学报, 2009(29):12－16.

［45］军械工程学院维修工程研究所. 部队装备评价指标体系研究［R］. 国防科学技术报告,2009(3):37－40.

[46] Luo Mingfei,Kuhnell B T. Diagnosis of machine faults using relational grade analysis in the grey system theory[J]. The Journal of Grey System, 1991(3):333－341.

[47] Tony Rosqvist,Risto Tuominen. Qualification of formal safety assessment[J]. An exploratory study. Safety Science,2004(42):99－120.

[48] 李永明.模糊系统分析[M].北京:科学出版社,2005.

[49] 蔡锁章.数学建模原理与方法[M].北京:海洋出版社,2000.

[50] 金菊良,魏一鸣,丁晶.基于改进层次分析法的模糊综合评价模型[J].水利学报,2004(3):65－69.

[51] 单兆春,郝强,谢永亮,等.模糊多属性决策理论在防空兵作战能力评估中的应用[J].指挥控制与仿真,2006(28):72－75.

[52] Wang SY. A Fuzzy Sets Model and Its Application in Evaluation[J]. Journal of Mathemics For Technology,1998,14(4):88－91.

[53] 宋光兴,杨德礼.判断矩阵与模糊判断矩阵互相转化方法[J].大连理工大学学报,2003,43(4):535－539.

[54] Piece Le Bot. Human reliability data,human error and accident models illustration through the Three Mile Island accident analysis[J]. Reliability Engineering and System Safety,2004(83):153－167.

[55] 赵丽萍,徐维军.综合评价指标的选择方法及实证分析[J].宁夏大学学报(自然科学版),2002,23(2):144－146.

[56] 李洪兴,汪群,等.工程模糊数学方法及应用[M].天津:天津科学技术出版社,1993.

[57] 朱茵,孟志勇,等.用层次分析法计算权重[J].北方交通大学学报,2003,23(5):119－122.

[58] 郭梅,朱金福.基于模糊粗糙集的物流服务供应链绩效评价[J].系统工程,2007,25(7):48－52.

[59] CSDN.数据集成. http://book.csdn.net/bookfiles/303/10030312707.shtml.

[60] 孔繁柯,王玉泉.关于装备使用阶段质量问题的探讨[J].装甲兵工程学报,2001,15(3):1－5.

# 内 容 简 介

　　作为装备质量特性重要组成部分的保障特性装备质量评估已成为提高装备保障能力的重点研究内容之一。客观、准确地评估装备使用与保障特性,对提高装备使用寿命,改进服役装备保障性水平具有十分重要的意义。

　　本书以某型火箭炮武器系统为研究对象,围绕其使用阶段通用质量评估的基本问题,从理论方法及实际应用两个方面进行了较为全面的阐述。对现役装备使用阶段通用质量特性评估的过程、方法、模型进行了详细阐述,该方法对其他各类型装备质量评估具有借鉴价值。

　　本书可作为系统工程、装备维修工程、装备质量管理等专业高年级学生和研究生的教材或教学参考书,也可供相关领域的科技工作者和管理干部阅读。